MiX

믹스(MIX)

초판 발행 · 2022년 8월 24일
초판 9쇄 발행 · 2023년 8월 28일

지은이 · 안성은
발행인 · 이종원
발행처 · (주)도서출판 길벗
브랜드 · 더퀘스트
출판사 등록일 · 1990년 12월 24일
주소 · 서울시 마포구 월드컵로10길 56(서교동)
대표전화 · 02)332–0931 | **팩스** · 02)323–0586
홈페이지 · www.gilbut.co.kr | **이메일** · gilbut@gilbut.co.kr

기획 및 편집 · 김세원(gim@gilbut.co.kr), 유예진, 송은경, 정아영, 오수영 | **제작** · 손일순
마케팅 · 정경원, 김진영, 장세진, 김도현 | **영업관리** · 김명자 | **독자지원** · 윤정아, 최희창

디자인 · 유어텍스트 | **교정** · 공순례 | **CTP 출력 및 인쇄** · 북토리 | **제본** · 신정문화사

© 2022, 안성은
ISBN 979-11-407-0099-8 03320
(길벗 도서번호 090189)

정가 18,800원

세상에서 가장 쉬운 차별화

MiX
믹스

안성은(Brand Boy) 지음

더퀘스트

《포지셔닝》의 아버지이자

나의 두 영웅

잭 트라우트와 알 리스에게 바칩니다.

섞어야
히트한다

손정의 회장은 왜 날마다 섞었나?

소프트뱅크 손정의 회장이 버클리대학교에 다닐 때의 일이다. 당시 손정의는 사업가를 꿈꾸는 학생이었다. 그는 성공하는 사업 아이템을 개발하기 위해 '하루 한 가지씩 발명하자'라는 원칙을 세웠다. 이를 위한 비장의 무기도 갖췄다. 무엇이었을까? 바로 '낱말 카드'였다.

그는 날마다 300여 개의 낱말 카드에서 세 개를 무작위로 뽑아서 섞었다. 그러면 생각지도 못한 것이 나왔다. 손정의는 카드를 섞는 이런 기상천외한 방법으로 1년에 무려 250건의 사업 아이디어를 뽑아냈다.

그중 대표적인 것이 음성 전자 번역기였다. 늘 하던 대로 '음성 신시사이저'와 '사전' 그리고 '액정화면'이라는 세 단어를 섞어서 나온 결과물이었다. 손정의는 이 아이디어를 가지고 음성 신시사이저 연구로 유명한 포레스트 모더 교수를 찾아갔다. 그리고 그의 도움을 받아 음성 전자 번역기를 개발했다. 돈도 없고, 인맥도 없는 청년이 오직 '섞는' 방법 하나로 아무도 생각하지 못한 제품을 만들어낸 것이다.

스무 살을 갓 넘긴 손정의는 이 발명품을 일본의 전자회사 샤프에 무려 1억 엔을 받고 팔았다. 그렇게 사업을 시작할 수 있는 자금, 인맥, 자신감을 얻었다. 전혀 연관성이 없어 보이는 세 단어를 '섞은' 데 대한 보상이었다.

패션도 섞어야 성공한다

2021년 11월 세상을 떠난 버질 아블로는 희한한 디자이너였다. 그는 건축을 전공했으며, 패션을 정식으로 공부한 적은 한 번도 없다. 명품 브랜드에서 일한 경력이라고는 펜디에서 인턴 생활을 한 것이 전부다. 그런 패션 초짜가 2018년 루이비통의 간택을 받았다. 164년 루이비통 역사상 최초의 흑인 크리에이티브 디렉터로 임명됐다.

그는 패션 장인이 아니었다. 유명 패션스쿨의 졸업장도 없었다. 아틀리에에서의 그럴듯한 경력도 없었다. 천을 자르고, 바느질하는 기술도 없었다.

버질 아블로는 '섞기'의 장인이었다. 무엇을 섞었냐고? 랄프로렌의 서브 브랜드 럭비의 플란넬 셔츠를 40달러에 구입했다. 그리고 그 위에 자신이 만든 브랜드 파이렉스 비전의 로고를 대문짝만하게 박았다. 이 셔츠를 원래 가격보다 10배 비싼 550달러에 팔았다. 셔츠는 불티나게 팔려나갔다.

그는 늘 섞었다. 에어맥스, 에어조던 등 나이키의 전설적인 운동화 10개를 해체하고 재조합했다. 모든 것을 다시 섞었다. 신발 곳곳에 자신의 트레이드 마크인 '쌍따옴표'를 새겨넣었다. 그리고 모든 신발에 주황색 케이블 타이를 둘렀다.

버질 아블로와 나이키가 협업한 더 텐The Ten 컬렉션은 2018년 최고의 히트상품이 됐다. 버질의 진가를 알아본 나이키는 이후 매년 그와 콜라보 제품을 내놓았다. 이처럼 버질 아블로는 잘 섞는 디자이너였다.

버질 아블로는 자신의 섞는 방식이 힙합의 샘플링과 비슷하다고 말했다.

"제임스 브라운의 음악을 가지고 와서, 그것을 잘게 썰고 다시 붙여 새로운 음악을 만드는 식이죠. 디자인도 마찬가지예요. 무엇을 참조하는지가 무엇보다 중요해요."

버질은 루이비통에서도 신나게 섞었다. 유서 깊은 루이비통의 아카이브에 스트리트 신의 컬처를 섞었다. 자신의 시그니처 디자인을 섞었다. 그 덕에 루이비통은 해마다 매출 신기록을 경신했다. 루이비통의 사람 보는 눈이 끝내준다는 말이 곳곳에서 들려왔다.

잘 섞어야 히트하는 시대

'포화의 시대.'

우리 시대를 한마디로 표현하면 바로 이것이 아닐까? 많다. 많아도 너무 많다. 물건이, 브랜드가, 경쟁자가… 너무도 많다. 한 사람에게 하루에 노출되는 광고의 수가 3,000개라는 통계도 있다. 그런데 그 많은 것 가운데서 돋보여야 한다. 선택돼야 한다. 그러려면?

우선 새로워야 한다. 경쟁자와 확 달라야 한다. 그런데 이것이 말처럼 쉬운가.

마케팅에서 가장 중요한 단어 하나를 꼽으라면 '포지셔닝'일 것이다. 커뮤니케이션 과잉의 시대에 성공하려면 고객의 마음속에 새로운 '사다리'를 만들어야 한다는 이론이다. 그리하여 그 사다리의 첫 자리를 차지해야 한다.

볼보는 '안전'이라는 사다리의 첫 자리를 차지한 차 브랜드다. 에르메스는 '최고급 수제 핸드백' 사다리의 첫 자리, 구글은 '검색' 사다리의 첫 자리, 백종원은 '요리 엔터테이너' 사다리의 첫 자리다.

이전에 없던 사다리를 만든 브랜드가 그 사다리에서 1위가 되는 건 당연한 결과다. 그리고 어느 영역에서든 첫 번째 사다리를 차지한 브랜드는 두 번째 사다리의 브랜드보다 훨씬 잘 팔린다.

그런데도 많은 사람이 '첫 번째 사다리'보다 '더 나은 사다리'를 만들려는 함정에 빠진다. 더 좋게, 더 빠르게, 더 많이, 더 열심히…. 아이러니하게도 그 결과 뻔한 아이디어, 뻔한 제품, 뻔한 콘텐츠만 나오게 된다. 만든 사람이야 새롭다고 느끼지만 소비자 입장에서는 전혀 새롭지 않은 그 무엇이다.

그래서 믹스가 중요하다. 믹스는 《포지셔닝》의 실전 판이라고 할 수 있다. 완전히 '새로운' 사다리를 창조하는 비법이다. 포화의 시대 피 말리는 경쟁 속에서 조용히 1위가 되는 1급 비밀이다.

믹스의 힘은 시대를 이끈 히트작의 역사를 보면 알 수 있다. 구텐베르크는 동전 주조기와 와인 짜는 기구를 섞었다. 역사상 최고의 발명품인 인쇄기가 탄생했다. 스티브 잡스는 컴퓨터와 핸드폰을 섞었다. 스마트폰이 탄생했다. 엘비스 프레슬리는 백인의 얼굴과 흑인의 소울을 섞었다. 로큰롤의 황제가 탄생했다. 영화감독 쿠엔틴 타란티노는 자신의 영화에 거장들의 특징을 섞었다. 장르의 경계를 허무는 영화들이 탄생했다. 데미언 허스트는 섬뜩한 해골에 값비싼 다이아몬드 8,601개를 섞었다. 1억 달러(약 1,200억 원)짜리 해골이 탄생했다.

섞어서 히트한 게 어디 그뿐이랴. 대한항공 기내식 중 인기 메뉴 1위 비빔밥은 우리 선조들이 여러 재료를 섞은 음식이다. 코스트코는 슈퍼마켓과 창고를 섞었고, 위키피디아는 백과사전과 인터넷을 섞었다. 배스킨라빈스는 아이스크림과 케이크를 섞었다. 아이스크림 비수기였던 12월을 배스킨라빈스 최고 매출의 달로 만들어버렸다.

그럼 천재들만 섞을 수 있나?

그렇지 않다. 평범한 사람도 잘 섞으면 단번에 스타가 된다. 정리하는 일이 취미이던 평범한 소녀 곤도 마리에는 정리와 종교의식을 섞었다. '설레지 않으면 버리라'는 가르침으로 유명한 정리의 여왕이 됐다. 출판사로부터 수없이 거절당한 재테크 전문가 로버트 기요사키는 부자 아빠와 가난한 아빠를 섞었다. 전 세계적으로 4,000만 부 이상 팔린 《부자 아빠 가난한 아빠》의 저자가 됐다. 영화 음악을 작곡하던 베이시스트 장영규는 한국의 판소리와 현대적인 리듬을 섞었다. 유튜브 조회수 5억 뷰에 빛나는 곡 '범 내려온다'가 탄생했다.

피카소는 "훌륭한 예술가는 베끼고, 위대한 예술가는 훔친다"라고 했다. 아인슈타인은 한술 더 떠서 "창의성의 비밀은 그 창의성의 원천을 숨기는 방법을 아는 데 있다"라고까지 했다. 훔치고, 숨기고…. 인류 역사상 가장 창조적이라고 불리는 두 거장이 공개한 창작 비법치고는 살짝 저렴해(?) 보인다.

그러나 이들의 말은 사실이다. 하늘 아래 새로운 것은 없다. 아무런 영향도 받지 않은 순수한 독창성은 존재하지 않는다. 세상을 창조한 신이 아니고서야 인간의 창조 행위는 세상에 이미 존재하는 것들을 '섞는' 것이다. 그런데 '제대로' 섞는 것이다. 사람들이 좋아하도록 섞는 것이다. 그러면 히트한다.

믹스! 이 시대 최고의 생존 전략

- 오래된 것과 최신의 것
- A급과 B급
- 본캐와 부캐
- 기술과 인간

이것들을 섞는다.

따로 떼어놓고 보면 도무지 어울릴 법하지 않은 것들도 막상 붙여 보면 놀랍도록 멋진 결과물이 나온다. 이질적인 두 사물의 조합에서 팽팽한 긴장감이 발생한다. 지금껏 보지 못한 '낯선 물건'이 탄생한다. 세상에 없던 것이다. 당연히 최초가 된다. 당연히 차별화가 된다.

섞으면 모두 성공하나?

그렇지 않다. 마케팅에서 성공하는 데 중요한 두 가지가 바로 '다름'과 '공감'이 아니던가. 섞은 그것이 사람들에게 공감을 줄 수 있어야 한다. 고개를 끄덕여야 한다. 사람들이 좋아해야 한다. 어떤 아이디어는 매우 신선하지만 공감을 얻지 못한다. 말 그대로 차별화를 위한 차별화가 된 것이다. 그림을 그릴 때 아무 색이나 섞는다고 멋진 색이 나오는가? 새롭게 만들어진 그 색에 사람을 끄는 힘이 있어야 한다.

그렇다. 공감이 중요하다. 섞어서 다름을 만들되, 반드시 공감할 수 있게 해야 한다. 다름과 공감 이 두 가지를 만족해야 한다. 그러면 성공할 수 있다.

섞어라! 기적이 생긴다

이 시대의 유능한 크리에이터들은 이미 섞고 있다. 그리고 날마다 다양한 분야에서 섞는 기적을 체험하고 있다. 광고, TV 프로그램, 건축물, 매장 인테리어, 연설, 패션, 만화 캐릭터, 글쓰기에 이르기까지…. 이들은 섞는 것이 가장 효과적인 방법임을 체험적으로 알고 있다.

나는 10년 넘게 광고 기획자, 브랜드 마케터로 일해오면서 수많은 히트작을 관찰했다. 그리고 놀라운 사실을 발견했다. 이 세상에서 히트하는 것들의 중심에는 '믹스'가 있었다. 그것이 히트하는 원인의 전부는 아닐지라도, 가장 중요한 요인이라는 점은 틀림이 없었다. 이를 깨달은 뒤로 모든 히트작을 '믹스'의 관점으로 바라보게 됐다.

'저것은 무엇과 무엇을 섞은 것일까?'

많은 이들이 성공을 원한다. 자신의 제품이 잘 팔리기를 원한다. 그리고 이 책은 성공을 원하는 바로 그런 독자들을 위한 책이다. 특히 스스로 창의력이 없다고 믿는 독자들이 기억해야 할 점은 누구나 섞으면 좋은 아이디어를 생각해낼 수 있다는 점이다.

이 독자들에게 막연한 방법이 아닌 확실한 방법을, 듣고 지나치는 방법이 아닌 당장 오늘부터 실천할 수 있는 방법을 제시하고자 한다.

이를 위해 '섞어서' 성공한 생생한 사례들을 많이 제시하고자 한다. 섞어야 성공한다는 것을, 유례없는 이 포화의 시대에 섞는 것이야말로 최고의 성공 전략이라는 것을 확실하게 보여주고자 한다.

섞으면 성공한다.

2 섞으면 사람이 팔린다

3 섞으면 모든 것이 팔린다

1 섞으면 물건이 팔린다

다윗과
골리앗을
섞어라

동네 빵집이 파리바게뜨를 이기는 법

다윗은 골리앗과 같은 무기로 싸우지 않았다

사울은 자기가 착용하고 있던 놋투구와 갑옷을 벗어 다윗에게 줬다. 다윗은 투구를 쓰고 갑옷을 입은 다음 사울의 칼을 차고 시험 삼아 몇 걸음 걸어 봤으나 거추장스러워서 도저히 활동할 수가 없었다. 그래서 그는 사울에게 '이대로는 움직일 수도 없습니다.' 하고 그것들을 다 벗어 버렸다.　　　　　－ 사무엘상 17장 38~40절

　　다윗과 골리앗 이야기는 거인과 싸우는 법을 알려주는 고전이다. 특히 골리앗과의 결전을 앞두고 다윗이 취한 행동은 시대를 막론하고 참고할 만하다. 다윗은 이스라엘의 사울 왕으로부터 투구와 갑옷을 하사받는다. 왕이 준 무기였으니 당대에 구할 수 있는 최고 사양이었을 것이다. 그러나 정작 이것을 착용한 다윗은 불편함을 느꼈다. 과감하게 벗어버렸다. 자신에게 익숙한 물매와 돌 다섯 개만을 챙겨 골리앗을 상대하러 갔다.

　　이때 주위 사람들이 보였을 법한 반응을 상상해보라.

　　"요새 젊은것들은 어쩜 저렇게 철이 없을까."

"왕께서 친히 무기를 주셨는데 저따위 돌멩이를 주워서 가겠다고?"

"키가 3미터나 되는 용사 골리앗과 싸워야 하는데, 죽고 싶어서 환장했나 봐."

다윗은 귀를 닫았다. 자신의 스타일을 고수했다. 골리앗을 상대하려면 더 나은better 무기로 싸워야 한다는 압박을 뿌리쳤다. 목동 생활을 하며 늑대와 곰을 때려잡을 때 썼던 자신만의 차별화된different 무기를 택했다. 그리고 승리했다.

만약 다윗이 사울 왕이 준 무기로 싸우려 했다면 어땠을까? 시작부터 끝난 게임이다. 다윗의 강점은 사라진다. 비슷한 무기로 오랫동안 훈련해온 거인 골리앗의 판이 된다. 골리앗 입장에서는 이처럼 손쉬운 상대가 없다. 큰 키와 압도적인 파워로 다윗을 짓눌렀을 것이다.

브랜딩도 마찬가지다. 골리앗 같은 거대 브랜드와 상대할 때 필요한 것은 골리앗의 창이 아닌 다윗의 물맷돌이다. '나음'보다 '다름'으로 싸워야 한다. 그런데도 대부분의 브랜드는 거꾸로 한다. 1등의 전략을 흉내 낸다. 1등과 엇비슷한 제품을 내놓고 우리 제품이 더 낫다고 주장한다. 정작 사람들은 가수 장기하의 노랫말을 떠올린다는 것이 함정이지만.

"그건 니 생각이고."

우리는 살면서 수많은 골리앗과 맞닥뜨린다. 그 골리앗은 시장 점유율 1위의 브랜드일 수도 있고, 100년 전통의 거대 잡지사일 수도 있다. 엄청나게 커져 버린 자기 자신이 골리앗일 수도 있다.

이 장에서는 골리앗과의 대결에서 승리를 거둔 이 시대의 대표 다윗들을 소개한다. 이들은 믹스를 사용했다. 골리앗과 다윗의 대결 구도를 만들었다. 적극적으로 자신을 다윗으로 포지셔닝했다. 골리앗의 무기가 아닌 자신의 강점으로 싸웠다. 골리앗을 제압했다.

"지금은 뚜레쥬르나 파리바게뜨 케이크를 선물로 받으면 어쩐지 성의 없어 보여요. 차라리 동네의 개성 있는 빵집에서 산 빵들이 더 좋아 보이죠. 이전에는 신뢰의 기준이 크고 센 놈이었는데, 지금은 생각이 있어 보이면 작아도 그 사람을 더 믿게 돼요."

– 조수용, 카카오 전 대표

당신이 작은 빵집을 운영한다고 생각해보자. 바로 건너편에 파리바게뜨가 생겼다. 망할 수밖에 없는 운명일까? 요즘엔 꼭 그렇지도 않다. 조수용 대표의 말처럼 신뢰의 기준이 달라져서다. 이제 사람들은 거대 브랜드보다 작아도 생각 있는 브랜드를 더 선호한다.

브랜드 빵집은 안전하지만 지겹다. 인스타그램에 올리기에도 파리바게뜨에서 찍은 사진은 살짝 모양이 빠지지 않는가? 그 대신 요즘 뜨는 곳은 작지만 개성 있는 동네 빵집이다. 오월의종, 노아베이커리, 노티드도넛 같은 곳들. 모두 늦은 오후에 가면 빵을 살 수 없는 '팔리는 베이커리'이자, 자신에게 꼭 맞는 레시피로 승부하는 '베이커리계의 다윗'이다. 이 다윗들은 매장 앞에 파리바게뜨가 생겨도 눈 하나 깜짝하지 않는다. 고객이 절대 골리앗 매장으로 옮겨가지 않으리라는 걸 잘 알고 있으니까.

잘 섞어서 성공한 잡지

2007년 영국에서 탄생한 잡지 〈모노클〉은 '잡지계의 다윗'이다. 신생 브랜드가 업계의 골리앗을 이기는 법을 알려주는 최신 사례다. 지난 15년간 〈모노클〉은 〈이코노미스트〉, 〈타임〉, 〈뉴스위크〉 같은 골리 앗들과 경쟁했다. 그리고 그 도전은 매우 성공적이었다고 평가된다.

　〈모노클〉은 매달 10만 부가 판매된다. 전 세계 곳곳에서 모노클 숍 이 성황리에 운영된다. 모노클의 가치는 1억 1,500만 달러에 이른다. 다윗 모노클의 성공에도 '믹스'가 있었다

〈GQ〉와 〈이코노미스트〉를 믹스하다

　〈모노클〉은 아프가니스탄 종군기자였던 타일러 브륄레가 창간했 다. 그는 일상에서 사업 기회를 찾는 데 특화된 남자였다. 집의 인테 리어를 고민하던 중 자신의 취향을 저격하는 잡지를 하나도 찾지 못 했다. 〈월페이퍼〉라는 디자인 잡지를 창간했다. 〈월페이퍼〉는 미국과 유럽에서 센세이션을 일으켰고, 타일러 브륄레는 이 잡지를 타임워너 그룹에 100만 유로(약 16억 원)에 매각했다.

　몇 년 후 타일러 브륄레는 공항에서 또 한 번 사업 기회를 발굴했

종군기자 출신답지 않은(?) 디자인 안목을 지닌 〈모노클〉 발행인 타일러 브륄레.(출처: Wikimedia Commons)

다. 〈이코노미스트〉와 〈GQ〉를 함께 읽는 사람을 목격한 것이다. 유레카!

'〈이코노미스트〉와 〈GQ〉를 섞어보자.'

그렇게 세련된 시사잡지 〈모노클〉이 탄생했다.

〈월페이퍼〉라는 감도 높은 디자인 잡지를 만들어낸 인물답게 브륄레가 손을 대면 무엇이든 아름다워졌다. 〈모노클〉은 〈이코노미스트〉가 다루는 비즈니스·정치·문화 이슈를 〈GQ〉스러운 패셔너블한 그릇에 담는 잡지였다.

〈모노클〉에는 100년 이상 된 잡지들이 보여주지 못했던(어쩌면 보여주려 하지도 않았던) 클래식하면서도 현대적인 멋이 담겨 있다. 사진, 타이포그래피, 일러스트는 물론 인포그래픽까지도 고급스러움을 입었다. 전 세계 많은 잡지가 두고두고 참고하게 될 '모노클 스타일'의 출현이었다.

이제 〈모노클〉은 '세계 최고의 명함'으로 불린다. 이 잡지를 들고 다니는 것이 자신을 표현하는 행위가 됐으니까. 나는 품격 있는 사람, 나는 취향 있는 사람, 나는 박식한 사람, 그리고 나는 돈 있는 사람. 〈모노클〉이 〈이코노미스트〉와 〈GQ〉를 믹스한 결과였다.

잡지와 책을 믹스하다

〈모노클〉이 창간된 2007년은 잡지 업계의 암흑기가 시작된 해였다. 애플의 아이폰이 처음 세상에 나온 해였다. 그때부터 사람들은 스마트폰만 들여다보기 시작했다. '인쇄 매체의 종말'이라는 말이 나왔다. 광고주들은 잡지 예산을 디지털로 옮겼다. 2007년 한 해에만 미국에서 591개의 잡지가 폐간됐다. 2009년에는 〈리더스 다이제스트〉가 파산보호를 신청했다. 2020년에는 〈플레이보이〉가 발행을 중단했다. 국내에서는 〈여성중앙〉, 〈인스타일〉, 〈쎄씨〉, 〈헤렌〉 같은 유명 잡지들이 줄줄이 폐간됐다.

이런 상황에서 타일러 브륄레는 새로운 잡지를 창간한다는 '미친' 결정을 내렸다. 이유는 하나, 양질의 잡지를 만들면 반드시 팔릴 것이라는 믿음 때문이었다. 그가 보기에 인터넷상에 떠돌아다니는 콘텐츠의 정보 가치는 '제로'였다. 존폐 위기를 맞은 잡지들이 제작비를 줄여

들고 다니는 것만으로도 격을 높여주는 세계 최고의 명함 〈모노클〉.(출처: 모노클 웹사이트)

잡지 몰락의 시대에 등장한 책 같은 잡지 〈모노클〉.

완성도가 떨어진 것도 기회 요인이었다. 이때 제대로 된 잡지를 만든다면 혼자만 도드라져 보일 수 있지 않겠는가.

결국 모노클은 다른 잡지와 거꾸로 갔다. 책 같은 두꺼운 잡지를 만들었다. 모노클만이 취재할 수 있는 오리지널 콘텐츠에 집중했다. 세계 각국에서 협업하는 파트너의 수를 대거 확보했다. 다른 언론사처럼 뉴스 에이전시의 사진을 가져다 쓰지 않았다. 오직 모노클이 직접 찍은 사진만 실었다. 타협은 없었다.

그리고 독자들에게는 당당하게 대가를 요구했다. 한 번도 무료로 배포하지 않았다. 심지어 정기 구독자에게는 돈을 더 받았다. 다른 잡지들은 정기 구독을 하면 구독료를 적어도 50% 이상 할인해주고 사은품까지 얹어주는 것이 일반적이었는데도 모노클은 만용(?)을 부렸다. 모노클은 그럴듯한 명분을 달았다.

'정기 구독자가 장기 발령 등의 이유로 다른 나라로 거처를 옮기더라도 원래의 비용으로 모노클을 보내줍니다.'

유니클로를 설립한 야나이 다다시는 "사양 산업은 없고, 사양 기업만 있을 뿐"이라는 말을 남겼다. 〈모노클〉은 사양 산업에서 홀로 잘 팔리는 오프라인 잡지가 됐다. 그것도 정가에.

그들은 다른 잡지를 따라 하는 일도 경계했다. 한때 대부분의 잡지사가 내건 구호는 '디지털 퍼스트Digital First'였다. 이들에게 디지털은 신앙이었다.

"이제는 디지털이 대세다."

"잡지는 아이패드로 봐야 한다."

"페이스북과 인스타그램에서 구독자를 확보해야 한다."

종이 잡지 〈모노클〉은 거꾸로 갔다. 디지털로 옮겨가서 수익을 낼 수 있을지 확신이 서지 않아서였다. 그리고 모노클 같은 다윗에게는 어설픈 혁신보다는 실속이 훨씬 중요했다. 모노클은 섣불리 골리앗의 무기를 집어 들지 않았다. 대신 스스로 잘할 수 있는 일만 골라

서 했다. '책 같은 양질의 잡지'를 내놓는 데 집중했다. 〈포캐스트The Forecast〉, 〈안트러프러너스The ENTREPRENEURS〉, 〈모노클 트래블 가이드〉 같은 서브 잡지와 단행본을 출간했다.

모노클이 세련된 취향을 지닌 기업인들을 위해 만든 종이 잡지 〈안트러프러너스〉.(출처: 모노클 웹사이트)

도쿄, 런던, 취리히, 뉴욕 등 세계 주요 도시에 모노클이 엄선한 제품을 판매하는 '모노클 숍'을 차렸다(현재 모노클 수익의 20%가 이곳에서 나온다).

모노클은 24시간 라디오 방송도 시작했다. 그들이 온라인에서 가

영국 런던에 있는 모노클 숍. 1~2평 남짓한 작은 공간에서 잡지 〈모노클〉과 모노클이 선정한 고급 제품을 함께 판매한다.

장 잘할 수 있는 활동이었다. 모노클 라디오는 한 달에 약 40만 명이 청취하는 방송으로 성장했다.

아직까지도 모노클은 인쇄매체 위주다. 연간 구독료를 내고 종이 잡지를 정기 구독하는 독자에게만 온라인으로도 잡지를 볼 수 있게 하는 식이다. 그럼에도 모노클은 시대에 뒤떨어지지 않았다. '디지털 퍼스트'를 외치는 여타 잡지사를 뒤로하고 모노클은 근사하게 트렌드를 리드하는 잡지로 남았다. '디지털 퍼스트'를 부르짖는 골리앗을 좇는 대신 책같이 '묵직한' 잡지를 만든 결과였다.

모노클이 제일 잘할 수 있는 온라인 활동 '모노클 라디오'.(출처: 모노클 웹사이트)

잡지사와 광고회사를 믹스하다

'평균 연봉 3억 이상, 1년에 해외 출장을 열 번 이상 가며, MBA를 졸업하고 도시에 거주하는 금융 기관·정부 기관·디자인·관광 산업의 CEO.'

모노클이 규정한 이 잡지의 타깃이다. 〈모노클〉의 독자는 전 세계에서 10만 명쯤 된다. 새로운 호를 발간할 때마다 8만 4,000부 정도가 팔린다. 정기 구독자 수는 2만 명이다.

따지고 보면 〈모노클〉의 구독자 수가 그렇게 많은 편은 아니다. 〈뉴욕타임스〉의 구독자 수는 752만이다. 〈이코노미스트〉는 매주 130만 부를 발간한다.

그런데 숫자보다 더 중요한 게 있다. 〈모노클〉을 읽는 저 10만 명이 누구냐는 것이다. 이들은 상위 1%의 부유층이다. 세계를 돌아다니며 돈을 쓰는 자본가들이다. 럭셔리 업계의 실질적인 구매층이다. 이에 모노클은 럭셔리 회사, 항공사, 글로벌 은행을 향해 당당히 외칠 수 있다.

〈모노클〉은 엘리트 교육을 받은 돈 많은 메트로폴리탄을 공략한다.(출처: 모노클 웹사이트)

"당신이 원하는 타깃에 정확히 도달할 수 있는 매체가 〈모노클〉 말고 또 있나요?"

모노클의 힘이 여기에서 나온다. 잡지사와 광고주의 갑을 관계가 뒤집어진다. 구찌, 프라다, 롤렉스, 바쉐론 콘스탄틴 같은 럭셔리 브랜드들이 〈모노클〉에 광고를 집행하려고 목을 맨다. 삼성전자는 무려 100만 달러를 지불하고 애드버토리얼을 만들었을 정도다. 심지어 모노클은 광고주를 거르기도 한다. 독재 국가나 평판이 좋지 않은 브랜드는 돈다발을 가져다준다고 해도 광고를 실어주지 않는다.

여기에서 주목해야 할 것이 있다. 타일러 브륄레가 〈모노클〉을 창간하기 전에 세운 회사다. 그는 〈월페이퍼〉를 매각하고 윙크리에이티브라는 브랜딩 에이전시를 운영했다. 아디다스, BMW, 노키아 같은 쟁쟁한 클라이언트를 영입했다. 그렇게 브랜딩 회사 대표로 5년을 보낸 후에 〈모노클〉을 창간했다.

타일러 브륄레가 〈모노클〉을 시작하자 윙크리에이티브의 클라이언트 대부분이 〈모노클〉에 광고를 집행하는 광고주로 영입됐다. 그리고 〈모노클〉은 전 세계 1% 부유층에 도달할 수 있는 미디어가 됐다. '브랜딩 에이전시, 광고회사, 미디어'를 아우르는 삼위일체가 탄생했다.

"〈모노클〉의 높은 기준에 부합하는 사람만 〈모노클〉을 읽으세요. 제대로 된 광고주만 입장하시고요."

오늘도 모노클은 저 도도한 애티튜드를 유지한다. 자신이 만족시켜야 할 대상을 또렷하게 인식하는 자, 클라이언트를 위해 전방위적인 서비스를 제공할 수 있는 '능력자'가 누리는 특권이다. 잡지사와 광고회사를 결합한 모노클식 믹스가 완벽하게 통했다.

애플의 영원한 롤모델 '다윗'

처음부터 애플의 롤모델은 다윗이었다.

애플은 언제나 '다윗과 골리앗' 프레임을 설정했다. 덩치가 큰 경쟁사를 우둔한 골리앗으로 몰았다. 애플이 상대하는 골리앗은 시대에 따라서 달라졌다. 초기에는 IBM이었다. 애플은 저 유명한 '1984' 광고에서 빅 브러더 IBM을 향해 쇠망치를 던졌다. 슈퍼컴퓨터의 제왕 IBM을 개인 컴퓨터 시대의 도래를 저지하는 적폐 세력으로 규정하고 공격했다.

그다음 골리앗은 마이크로소프트였다. 애플은 'Mac vs. PC' 광고 캠페인으로 마이크로소프트를 정조준했다. 'Mac'이란 이름을 가진 상큼한 청년이 'PC'라는 이름의 꼰대 아저씨를 조롱하는 광고였다. 광고에 등장하는 PC가 마이크로소프트를 상징한다는 것을 모르는 사람은 없었다. 애플은 성능, 안정성, 그리고 '멋'에서 뒤처진 마이크로소프트의 약점을 파고들었다. 그렇게 전 세계 소프트웨어 업계의 지배자를

애플의 '1984' 광고에서는 다윗 애플이 골리앗 IBM을 향해 쇠망치를 던진다.(출처: 애플 광고)

I'm a PC   I'm a Mac

골리앗 마이크로소프트를 꼰대 PC 아저씨로 비유한 애플의 광고 캠페인.(출처: 애플 광고)

구제불능의 무능력자로 보내버렸다.

애플이 언더독을 찬양하는 이유

그런데 2010년대에 들어서자 상황이 바뀌었다. 이제 애플은 전 세계에서 가장 많은 돈을 버는 기업이 됐다. 애플의 시가총액은 대한민국 기업 전체의 시가총액을 넘어선다. 규모만 놓고 보자면 애플이 골리앗이 된 형국이다. 애플이 공격할 만한 더 큰 골리앗도 보이지 않게 된 지 오래다.

애플은 방향을 선회했다. 자신을 '언더독'으로 포지셔닝했다. 언더독은 약자다. 대세에 영향을 미치지 않는 사람이다. 능력자가 아닌, 어딘가 2% 부족한 인간이다. 우리 주변에 한 명쯤은 있기 마련인 무명의 캐릭터다. 이제 애플 광고에는 이런 언더독들이 등장한다.

크리스마스 연휴를 맞아 온 가족이 모였는데 유독 어울리지 못하는 소년이 있다. 연휴 마지막 날 소년은 가족들을 한자리에 불러 모은 후 지난 며칠간 자신의 아이폰으로 가족의 모습을 촬영한 영상을 공개한다. 이 광고의 제목은 '오해misunderstood'다(2013년 아이폰 크리스마스 광고).

소년이 제작한 깜짝 영상에 가족들은 눈물을 흘리며 감동한다. 소년을 안아준다.(출처: 애플 광고)

덩치가 작은 꼬마 아이들이 힘을 합쳐 동네 일진 형들과의 눈싸움에서 승리한다(2019년 Snow brawl 광고).

동네 일진 형들을 상대로 '박터지게' 눈싸움하는 꼬마들.(출처: 애플 광고)

코로나 팬데믹이 터진 후 회사 내 언더독 직원들이 피자 박스를 만드는 프로젝트에 착수한다. 재택근무 중에도 애플 기기를 활용해 성공적으로 임무를 완수한다(2020년 언더독스 광고).

오합지졸 직원들이 애플 기기를 사용해서 드림팀이 되어가는 언더독스 광고.(출처: 애플 광고)

전 세계 슈퍼스타들도 애플의 모델이 되면 언더독의 옷을 입는다. 테일러 스위프트는 애플 뮤직으로 음악을 듣다가 러닝머신에서 나자 빠졌다. 드레이크는 벤치 프레스를 들다가 힘이 달려서 놓쳐버렸다. 애플은 세계 최고의 팝스타들까지도 허점투성이의 언더독으로 만든 것이다.

테일러 스위프트, 드레이크 같은 슈퍼스타도 애플 광고에 출연하면 허당끼를 발산한다.(출처: 애플 광고)

이런 식으로 애플은 광고를 통해 자신을 언더독으로 포지셔닝했다. 사람들은 탑독보다 언더독에 동질감을 느끼니까. 강자보다 약자를 응원하니까. 대기업이 된 애플이 소비자와의 정서적 거리감을 좁히는 새로운 전략이다.

그 결과 언더독 애플은 여전히 기득권이 아닌 도전자의 오라를 내뿜는다. 스티브 잡스의 말처럼 '전 세계에서 가장 큰 스타트업'이자 '1등

같지 않은 1등'처럼 보인다. 그렇게 애플은 2022년에도 다윗의 자리를 지킨다.

똑똑한 약자들은 늘 다윗처럼 커뮤니케이션한다:
임팩트 있었던 '다윗과 골리앗' 믹스

〈타임〉 표지: "Welcome to America"

2018년 6월, 미국의 시사 주간지 〈타임〉이 도널드 트럼프 행정부의 불법 입국자 부모와 자녀의 격리 수용 정책을 다룬 커버. 엄마와 함께

미국 국경을 넘었다가 국경 경비대에 붙잡힌 두 살배기 아이의 사진을 담았다. 몸수색을 받는 엄마를 쳐다보며 서럽게 울던 아이와 거인 트럼프를 대비했다. 그리고 짤막한 헤드라인을 박았다.

'Welcome to America.'

이 표지가 공개된 후 '인정사정없는' 미국 대통령을 향해 전 세계에서 비난이 쏟아졌다.

두 살배기 아이와 거인 트럼프를 대비한 채 'Welcome to America'라고 썼다.(출처: 타임 웹사이트)

용감한 소녀상

용감한 소녀상은 2017년 세계 여성의 날(3월 8일)을 맞아 월스트리트를 상징하는 황소상 맞은편에 설치된 동상이다. 월스트리트 금융회사 내의 성비 불균형 문제를 알리기 위해 제작됐다. 주식 시장의 활황을 기원하는 거대한 황소와 키 130센티미터의 위풍당당 소녀가 지근거리에서 대비되는 구도다.

당초에 4주간만 설치될 예정이었지만 소녀상의 영구 보존을 원하는 여론이 높아지면서 존치됐다. 2018년 11월, 용감한 소녀상은 뉴욕 증권거래소 앞으로 옮겨져 아직도 월스트리트를 향해 양성평등 메시지를 외치는 작은 투사로 남아 있다.

황소상 앞에서도, 뉴욕 증권거래소 앞에서도 용감한 소녀는 온몸으로 외쳤다. "이제 여성의 능력을 인정하시죠!"(출처: Flickr, Wikimedia Commons)

동네 현수막

동네 아파트 현수막에서 발견한 다윗과 골리앗 믹스.

"어린새싹 학교 앞에 정비시설 어림 없다!"

어린 새싹들이 얼마나 작고 애처롭게 느껴지는가. 골리앗을 향한 항의는 이렇게 하는 것이다.

동네 현수막에서 발견한 다윗과 골리앗의 대결 구도.

A급과
B급을
섞어라

나이 든 명품 브랜드가 회춘하는 법

A급 이미테이션

"브랜드가 성공했느냐 아니냐의 척도 중 하나가 짝퉁 아닐까요. 짝퉁이 많으면 성공한 브랜드겠죠. '나이키'가 정말 멋지니까 '나이스'가 나온 것처럼 말이에요."

— 김봉진, 배달의민족 대표, 〈배민다움〉

　　2000년대 초·중반, 유명 의류 브랜드를 패러디한 짝퉁 티셔츠가 유행했다. 'PRADA(프라다)'는 '9RADA(구라다)'로, 'GUCCI(구찌)'는 '9UCCI(구찌)'로 탈바꿈했다. 당시 최고의 인기를 구가하던 스포츠 브랜드 'PUMA(푸마)'의 패러디물이 특히 많았다. PAMA(파마), CHIMA(치마), ANMA(안마), AKMA(악마), IMMA(임마) 등. 푸마 패러디는 전 세계적인 유행이었는데, 푸마 독일 본사가 푸마 패러디 티셔츠를 만든 디자이너를 고소한 일도 있었다. 이 디자이너

푸마의 헤어 스타일에 변화를 준 '파마'.(출처: MLBPARK)

의 대표작은 'PUDEL(푸들)'이었다.

당시 동대문 패션몰에 가면 패러디 티셔츠를 쉽게 만날 수 있었다. 그러나 실제 그 티셔츠를 구입해서 입고 다니는 사람은 (적어도 내 주변에는) 드물었다. 그건 일종의 밈이었으니까. 온라인에서 웃고 넘기는 '짤' 이상도 이하도 아니었으니까. 어지간히 튀고 싶은 사람이 아니면 패러디 티셔츠를 입는 일은 없었다.

대신 사람들은 명품 브랜드의 짝퉁 제품을 샀다. 루이비통 짝퉁 모노그램 백, 프라다 짝퉁 나일론 백, 까르띠에 짝퉁 시계…. 나와 친구들 또한 A급 이미테이션을 찾으러 이태원 뒷골목을 쏘다녔다(프라다의 로고 패치만 따로 구입해서 다른 브랜드의 패딩에 꿰맨 적도 있다).

그때 사람들은 '진짜 같은 가짜'를 찾으러 다녔다. '가짜 같은 진짜'에는 관심이 없었다. 그때는 몰랐다. 20여 년 뒤에는 '가짜 같은 진짜'가 판을 칠 거라는 사실을.

짝퉁 같은 진품의 등장

과거에 유명 패션 하우스들은 짝퉁과의 일전을 벌였다. 요즘은 명품 브랜드들이 앞장서서 짝퉁을 만든다. 이 흐름을 주도한 인물은 105년 역사의 명품 브랜드 발렌시아가를 이끄는 뎀나 바잘리아다.

2017년 뎀나 바잘리아는 99센트짜리 이케아의 장바구니 프락타를 카피한 발렌시아가 캐리 쇼퍼백을 출시했다.

진품 가방(좌)보다 무려 2,000배 비싼 짝퉁 가방 발렌시아가 케리 쇼퍼백(우).(출처: 애드위크)

    캐리 쇼퍼백의 색상, 형태, 크기는 프락타와 동일했다. 가방의 소재만 폴리프로필렌에서 양가죽, 송아지 가죽으로 바뀌었다. 그런데 진품보다 무려 2,000배 비싼 2,150달러의 가격표가 붙었다. 당시 뎀나바잘리아의 대범함(?)에 당황한 이케아가 '이케아 프락타 백을 식별하는 법'이라는 광고를 냈을 정도다.

    더 놀라운 건 뎀나 바잘리아의 짝퉁 행보가 그 전에도 있었다는 사실이다. 그는 하이패션 브랜드 '베트멍'을 이끌 때도 베트멍의 한국산짝퉁을 '재해석해' 한국에서만 판매한 적이 있다. 카피 천국 대한민국에서 베트멍의 짝퉁 제품이 범람하는 상황을 풍자한 이벤트였다. 남이 베낀 것을 베트멍이 또 한 번 베낀 이 행사의 이름은 '오피셜 페이크 캡슐 컬렉션'이었다.

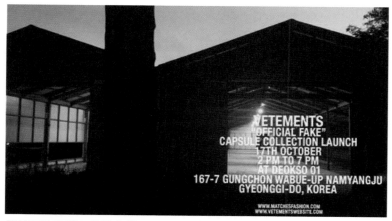

한국산 카피 제품을 또 한 번 카피한 베트멍의 오피셜 페이크 캡슐 컬렉션 포스터. 행사가 열린 경기도 남양주에 대한민국 힙스터들이 전부 집결했다.(출처: 베트멍 홍보 포스터)

덴나 바잘리아의 말이다.

"한국은 디자이너 브랜드의 카피가 많은 나라 중 하나인데, 베트멍의 제품을 신선하게 재해석한 제품을 많이 발견했습니다. 그래서 베트멍의 카피 제품을 응용한 새로운 캡슐 컬렉션을 만들기로 한 거죠."

발렌시아가와 베트멍 외에도 짝퉁 같은 진품을 만든 명품 브랜드는 또 있다. 구찌는 자사의 'G' 로고를 패러디하던 그라피티 아티스트 트러블 앤드루와 협업했다. GUCCI 로고를 'GUCCY', 'GUCCIFY'로 변형한 컬렉션을 선보였다. 구찌 가방에는 'REAL'이라는 글자를 대문짝만하게 새겨 진품임을 인증했다.

구찌와 트러블 앤드루가 협업해 내놓은 짝퉁 같은 진퉁 구찌.(출처: W 웹사이트, 구찌)

청바지로 유명한 디젤DIESEL은 한술 더 떴다. 디젤의 이름을 바꾼 리미티드 에디션 '다이젤DEISEL'을 공개했다. 디젤은 시장통 같은 뉴욕 커낼 스트리트에 다이젤을 판매하는 짝퉁 스토어도 오픈했다. 그곳에서 다이젤 의류를 디젤의 절반도 안 되는 가격에 판매했다.

디젤은 직접 짝퉁 제품 다이젤을 만들었다. 짝퉁 매장을 열어 디젤 제품의 반값에 팔았다.(출처: 유튜브 '디젤')

오리지널 브랜드들이 내놓은 '가품 같은 진품'은 모두 엄청난 화제를 불러 모으며 공전의 히트를 기록했다.

우리 명품 브랜드가 달라졌어요

발렌시아가, 베트멍, 구찌, 디젤. 이 콧대 높은 브랜드들이 왜 짝퉁에 눈독을 들인 걸까? 패션 시장에서의 주 소비층이 MZ세대로 바뀌어서다. 특히 럭셔리 업계의 큰손은 단연 1980년 이후에 출생한 이들 MZ세대다.

예전에는 나이 지긋한 어른들이 명품을 장만했다. 평생 사용할 제품을 고르듯 고심에 고심을 거듭했다. MZ세대는 다르다. 이들은 짧은 기간 곁에 둘 명품을 구입한다. 사용하다가 질리면 바로 중고 시장에 내놓는다. 이들에게 명품은 일상이자 재미있는 놀이다. 플렉스다.

이에 명품 브랜드들의 태도도 달라졌다. 과거에는 무게를 잡았다. 장인정신, 역사를 드러내는 사진으로 매장을 채웠다. 고고하게 팔짱을 끼고 폼을 잡았다. 그때의 고객에게는 그게 먹혔다.

이제는 아니다. 예전 방식을 고수했다가는 단번에 구닥다리 브랜드로 전락한다. 너무 진지하고 엄숙하면 망한다. 그래서 요즘의 럭셔리 브랜드들이 추구하는 게 '반전 매력'이다. 고급스럽지만 서민적인, 짝인 듯하면서도 엉성한 매력이다. 비닐백 디자인에 최고급 소재를 입히는 식으로 역설의 미학을 보여주어야 한다.

이를 위해 명품 브랜드들은 A급과 B급을 섞는다. A급은 주류 문화다. 오리지널리티다. 반면 B급은 주류 문화와는 상반되는 개념이다. 다수의 방식에서 벗어난 갈래다. 여기서 B급은 A급보다 모자란다는 의미가 아니다. '자기답다'는 뜻이다.

이제 럭셔리 브랜드들이 짝퉁 같은 진품을 내놓는 이유를 알겠는가? 고루해진 A급 브랜드에 B급 정서를 주입하고, 역사와 오리지널리티라는 토양에 반전 매력을 이식하기 위해서다. 물론 짝퉁의 가격이 절대로 B급스럽지 않다는 건 함정이지만.

거리의 브랜드를 친구로 삼기

과거에 유아독존식으로 행동하던 명품 브랜드들이 태도를 바꿔 스트리트 컬처를 적극 수용하는 것도 B급 정서를 흡수하기 위해서다. 명품 브랜드의 대명사 루이비통이 2000년대 들어 보여준 행보는 하이패션이 스트리트 컬처를 받아들이는 단계를 상징적으로 드러낸다.

2000년, 루이비통은 스트리트웨어 브랜드 슈프림과 법정 다툼으로 연을 맺었다. 패러디 문화에 익숙한 슈프림이 루이비통의 모노그램 로고를 슈프림 로고와 섞어 스케이트보드에 새긴 만행(?) 때문이었다. 루이비통은 슈프림을 고소했고, 슈프림은 제품 생산을 중단했다.

2000년 슈프림이 루이비통을 패러디한 스케이트보드. 당시에 슈프림은 눈물을 머금고 생산을 중단했다. 이후에는 상황이 많이 달라졌다.(출처: supreme_leaks_news 인스타그램)

그리고 10여 년의 세월이 흘렀다. 루이비통은 모든 유행이 '거리'에서 시작된다는 사실을 간파했다. 그쪽 동네는 슈프림을 중심으로 돌아가고 있었다. 루이비통은 자존심을 버리고 실리를 택했다. 과거에 얼굴을 붉혔던 슈프림에 손을 내밀었다. 그렇게 거리의 왕자와 세계 1등 럭셔리 브랜드 간의 콜라보가 성사됐다.

세기의 콜라보였다. 전 세계적으로 관심이 폭발했다. 슈프림과 루이비통 매장 앞에는 어느 때보다도 긴 줄이 들어섰다. 30배 이상 치솟은 리셀 가격 때문에 제품 판매가 중단되는 일도 벌어졌다. 콜라보는 슈프림과 루이비통 모두에게 두고두고 기억할 만한 추억거리가 됐다. 윈윈이었다.

슈프림×루이비통 콜라보를 소개하는 룩북. 슈프림의 스케이트보드팀이 모델로 나섰다. 콜라보의 주도권이 어느 쪽에 있는지 알 수 있는 부분이다.(출처: 슈프림 룩북)

그러나 이때까지만 해도 루이비통의 수익 대부분은 기존의 VIP 고객을 중심으로 한 클래식 라인에서 발생했다. 사람들은 루이비통과 슈프림의 협업을 세계 최고 명품 브랜드의 일회성 이벤트 정도로 생각했다.

1년 후 루이비통은 메가톤급 소식을 전했다.

"오프화이트를 이끌어온 스트리트계의 신성 버질 아블로를 루이비통의 크리에이티브 디렉터로 임명했습니다."

버질 아블로는 164년 루이비통 역사상 최초의 흑인 크리에이티브 디렉터다. 그는 한 번도 패션을 정식으로 공부한 적이 없는 건축학도였다. 〈뉴욕타임스〉의 말마따나 길거리 문화의 아이콘이었던 버질 아블로가 세계 최고의 럭셔리 브랜드를 점령한 '사건'이었다. 아프리카 가나 출신 이민자의 아들이 일궈낸 '혁명'이었다.

그때부터 버질 아블로는 A급 브랜드 루이비통에 거리의 문화를 섞기 시작했다. 패션쇼가 열릴 때마다 흑인 모델들이 대거 루이비통의 런웨이를 활보했다. 다양한 분야의 아티스트들이 디제잉을 하고 랩을 하고 춤을 췄다. 통이 넓은 바지와 찍찍이 스니커즈, 인형이 등장했다. 이전의 루이비통에서는 한 번도 보지 못한 그림이었다.

루이비통에게 버질 아블로 영입은 신의 한 수였다. 버질은 손대는 컬렉션마다 히트시키는 미다스의 손으로 등극했다. 루이비통은 마크 제이콥스가 떠난 이후 실로 오랜만에 뜨거운 브랜드가 됐다. 버질 아블로의 맹활약 덕분에 루이비통의 소유주 베르나르 아르노 회장은 전 세계 2위 부호로 올라섰다.

2021년 7월, 루이비통의 모회사 LVMH는 버질 아블로가 설립한 오프화이트의 지분 60%를 인수한다고 발표했다. 며칠 지나지 않아 LVMH는 일본 스트리트 패션계의 대부 니고를 겐조의 크리에이티브 디렉터로 임명한다고 발표했다(니고는 버질 아블로가 생전에 첫손에 꼽은 멘토였다. 버질 아블로가 루이비통에 고용된 후 처음으로 찾은 콜라보 상대도 니고였다). 니고의 임명 소식에 거리의 아이들은 또 한 번 승전가를 울렸다. 스트리트 컬처가 럭셔리 산업의 중심부에 자리를 잡는 데 10년이 채 걸리지 않았다.

앞으로 명품 브랜드는 또 어떤 브랜드와 손을 잡을까? 스트리트 다음은 무엇이 대세가 될까? 누구도 알 수 없지만 한 가지는 분명하다. 앞으로도 A급 명품 브랜드는 노화를 느낄 때마다 자신에게 활력을 불어넣어 줄 B급 브랜드를 찾아 나서리라는 것. 그렇게 새로움을 장착하리라는 것.

B급 스타는 클래식 수트를 입는다

"'강남 스타일'의 핵심은 옷은 클래식하게, 춤은 저렴하게입니다."

2012년 9월, 미국 NBC 채널의 인기 토크쇼인 〈엘런 쇼〉에 출연한 싸이가 브리트니 스피어스와 엘런 드제너러스에게 말춤을 가르치며 말했다.

사실이었다. 구글에서 '싸이'를 검색하면 그가 이전부터 줄곧 수트

〈엘런 쇼〉에 출연해 '저렴한' 말춤을 전수하는 싸이.(출처: 〈엘런 쇼〉)

차림을 고수했다는 것을 알 수 있다. 싸이는 늘 클래식한 옷을 입고 저렴한 춤을 추는 남자였다. 컬러와 형태는 그때그때 변화를 주되 늘 자기 몸에 꼭 맞는 수트를 입었다. 헤어 스타일은 단정하게 정돈되어 있었다.

싸이의 말이다.

"소프트웨어가 '또라이'더라도 하드웨어는 단정하게 가는 게 길이 라고 봤어요."

싸이도 A급과 B급을 섞는 아티스트다. 그의 말마따나 '싸이답다'는 건 '양아치스럽다'는 말과 동의어다. 그러나 대한민국 B급 퍼포먼스의 일인자 싸이의 복식이 조금도 우습지 않다는 점에서 반전이 있다.

싸이의 클래식한 복장은 B급 퍼포먼스의 무게중심을 잡아주는 균 형추 역할을 한다. 조각 같은 외모의 원빈이나 정우성은 남을 웃길 때 코믹하게 입어도 된다. 싸이는 그래선 안 된다. 그가 우습게 입으면 정말 우스운 사람이 된다. 이것이 그가 소프트웨어와 달리 하드웨어 는 단정하게 꾸미는 이유다. 싸이식 균형이다.

2012년 전 세계를 뒤집어놓은 '강남 스타일' 뮤직비디오에서도 싸 이의 클래식한 하드웨어는 도드라진다. 뮤직비디오에 등장하는 공간 은 전혀 강남스럽지 않은 강남이다. 아주머니들이 한바탕 춤판을 벌 이는 관광버스 안, 싸이를 닮은 꼬마 아이가 구성진 춤을 추는 동네 놀이터, 경주마들이 도열해 있는 마구간, 아파트 지하주차장과 엘리 베이터. 대한민국의 대표 부촌 '강남'이라고 하기에는 몹시 싼 티 나는

싼 티 나는 '강남 스타일' 뮤직비디오에서도 싸이의 하드웨어는 단정했다. (출처: '강남 스타일' 뮤직비디오)

이곳에서 싸이는 격정적으로 노래를 부르며 말춤을 춘다. 격식 있게 차려입은 A급 신사의 모습을 하고.

만약 말춤을 추는 싸이가 형형색색의 옷을 입고 등장한 유재석, 노홍철 같았다면 어땠을까. 보기에 상당히 부담스러웠을 것이다. 별다른 반전 매력도 없었을 것이다.

B급 문화의 기수인 싸이가 말춤을 추기 위해서는 클래식하게 입어야 한다. 그래야 의외성이 있다. 양아치스러움과 대비가 되고, 균형이 잡힌다. 즉, 믹스 덕분에 싸이는 가벼워 보이지 않았다. 한번 보면 잊을 수 없는 클래식한 아이콘이 됐다.

2022년 4월, 싸이는 5년 만에 아홉 번째 정규앨범 '싸다9'를 발매하며 가요계에 컴백했다. 여전히 몸에 꼭 맞는 클래식 수트 차림이었다.

상식과
비상식을
섞어라

세상에서 가장 쉬운 차별화 공식

슈프림에서 제일 칭찬받는 직원?

어느 산업 디자이너의 습관 하나가 인상적이었다. 그는 주변 모든 사물에 질문을 던져본다고 했다.

- 책상의 모양은 왜 꼭 네모여야 하지? 라운드형으로 만들면 더 편하지 않을까?
- 컴퓨터의 마우스는 이 모습이 최선일까?
- 스마트폰의 형태는 개선의 여지가 없을까?

누가 시킨 것도 아닌데 모두가 당연하다고 믿는 것들에 딴지를 걸어본다. 그러다 보면 어느 순간 번뜩이는 아이디어가 나온다는 것이다. 그의 말을 들으며 나는 스트리트 패션 브랜드 슈프림을 떠올렸다.

슈프림 도끼, 슈프림 해골, 슈프림 야전삽, 슈프림 해머, 슈프림 계산기, 슈프림 소화기, 슈프림 음주측정기, 슈프림 지하철 카드, 슈프림 벽돌, 슈프림 오토바이, 슈프림 쿠키, 슈프림 텐트, 슈프림 BMW,

슈프림 핸드폰….

　그동안 슈프림이 출시한 '희한한' 제품 리스트다. 전부 콜라보 제품
이다. 슈프림은 뉴욕 교통국과 손잡고 지하철 카드를 만들었다. 브라
운사와는 슈프림 계산기를 출시했다. 오레오와 슈프림 쿠키를 만들
고, 대한민국의 캠핑용품 회사 헬리녹스와는 텐트를 만들었다.

슈프림과 오레오가 콜라보해서 내놓은 희한한 쿠키.(출처: 슈프림)

　슈프림의 콜라보 제품이 나올 때면 새벽부터 슈프림 매장 앞에 긴
줄이 들어섰고, 순식간에 완판됐다. 이베이에서 몇 배의 웃돈이 붙어
거래됐다(슈프림 벽돌이 80만 원대에 팔리는 식이다). 시간이 지날수록 온라
인에서는 슈프림 제품 거래로 돈을 버는 '슈프림 테크족'이 늘어갔다.
　가끔 상상해본다. 슈프림 직원들은 회의에서 어떤 대화를 주고받을

까? 아마도 콜라보 상대를 정할 때의 기준은 하나가 아닐까?

'슈프림과 전혀 어울리지 않는 대상.'

슈프림이 어떤 기준으로 콜라보 상대를 정하는지는 알려져 있지 않다. 다만 스트리트웨어 브랜드 슈프림과 관련이 없어 보이는 브랜드를 고르는 건 제1 원칙인 듯하다. 슈프림식 콜라보는 늘 예측불허해야 하니까. 평범한 콜라보는 안 하느니만 못하니까. 무조건 팬들을 놀라게 해야 하니. 아마도 제일 생뚱맞은 콜라보 상대를 골라 오는 직원에게는 넉넉한 인센티브가 수여되리라!

상상은 꼬리에 꼬리를 문다. 슈프림으로부터 협업 제안을 받은 브랜드는 얼마나 어처구니가 없었을까? 이를테면 뉴욕 교통국, 벽돌회사, 도끼회사는 슈프림의 연락을 받았을 때 얼마나 황당한 표정을 지었을까? 그들은 슈프림이라는 브랜드를 알기나 했을까?

슈프림 직원은 어떻게 그들을 설득했을까? 어쩌면 '안 되는 걸 되게 하는' 슈프림 직원은 지구 최고의 극한직업이 아닐까? 그러나 슈프림 직원들이 '열일한' 덕분에 늘 거대한 기대가 이 브랜드를 향해 있다.

이번에 슈프림은 또 무엇을 보여줄까?

딸의 산수 숙제에서 발견한 차별화 법칙

오랜만에 초등학교 1학년 딸아이의 산수 숙제를 봐줬다. 수식에서 일관되게 반복되는 패턴을 찾아내는 문제였다. 다음과 같은 표가 있다고 해보자.

딸기 – 오렌지 – 호박 – 딸기 – 오렌지 – 호박 – 딸기 – 오렌지 – 호박

'딸기 – 오렌지 – 호박'이 반복된다. 질서다. 그런데 어느 지점부터 '호박'이 '수박'으로 바뀐다고 가정해보자.

딸기 – 오렌지 – 수박 – 딸기 – 오렌지 – 수박 – 딸기 – 오렌지 – 수박

이전의 질서는 깨지고, 새로운 질서가 만들어진다.

차별화도 마찬가지다. 먼저 업계에서 통용되는 질서를 발견해야 한다. 이전에 누군가가 시도해서 효과를 봤고, 이후 사람들이 별다른 고민 없이 받아들이는 '패턴'이다. 사람들이 '상식'이라고 부르는 것들이다. 이 상식을 찾는 것이 우선이다. 그런 다음 상식을 깨뜨려야 한다.

1968년 멕시코 올림픽에서 벌어진 사건이 그랬다. 이전까지는 높이뛰기 선수들이 정면을 보면서 점프를 하는 것이 상식이었다. 미국 육상 대표팀의 선수 딕 포스베리도 처음에는 이 상식에 따라 연습했다. 그런데 어느 날 불경한(?) 생각이 들었다.

'꼭 이 방식으로 점프를 하는 것이 답일까?'

포스베리는 올림픽 역사상 최초로 바를 등지고 도약해 우승했다. 도전에 실패하는 순간 국제적인 놀림거리가 될 수 있다는 리스크를 감수한 결과였다.

그런데 이후 벌어진 일은 더 놀라웠다. 높이뛰기 선수들이 하나같이 포스베리를 따라서 바를 등지고 점프하기 시작한 것이다. 포스베리는 새로운 상식이 됐다. 포스베리가 새로 시전한 기술은 그의 이름을 딴 '포스베리 플롭Fosbury Flop — 배면뛰기'로 명명됐다.

영원불변한 상식은 없다. 모두가 당연하다고 믿는 상식은 용기 있는 포스베리들에 의해 깨지고 변화한다. 이것이 내가 딸아이의 초등학교 1학년 문제집에서 발견한 차별화의 법칙이다.

상식을 깨뜨리는 가장 좋은 방식도 '섞는' 것이다. 먼저 모두가 당연하다고 믿는 '상식'을 발견해야 한다. 업계 내에서 아무런 의심 없이 받아들여지는 기준이나 룰이다.

그다음엔 이 상식과 전혀 어울리지 않는 무언가를 섞어 '비상식'을 만들어내는 것이다. 마치 손정의 회장이 제품 아이디어를 떠올리기 위해 매일 아침 300개의 낱말카드를 무작위로 조합해본 것처럼.

이 장에서는 모두가 당연하다고 생각하는 상식을 비상식으로 만든 놀라운 차별화 사례를 소개한다. 사람들 사이에서 상식의 뿌리가 깊을수록, 그 틀을 벗어났을 때의 임팩트도 크다. 이제 상식을 사냥하러 떠나보자.

MENSWEAR DOG

- 상식: 패션모델은 사람이다.
- 비상식: 잘생긴 강아지와 패션모델을 섞는다.

뉴욕에 거주하는 패션 디자이너 부부 데이비드 펑과 김예나는 '보디'라는 이름의 반려견과 함께 살고 있다. 보디는 품위 있는 자태를 지닌 잘생긴 시바견인데, 어느 날 부부는 보디와 남편 데이비드의 목둘레가 같다는 놀라운(?) 사실을 발견했다. 장난삼아 데이비드의 옷 몇 벌을 보디에게 입혀봤는데 기대 이상으로 잘 어울렸다. 더군다나 주인의 옷을 입은 보디가 기분이 좋은지 나름 포즈까지 취하는 것 아닌가!

부부는 이 모습이 신기하기도 하고 웃기기도 해서 두툼한 숄칼라 카디건을 입은 보디의 사진을 페이스북에 올렸다. 무심코 올린 사진이었는데 반응이 심상치 않았다. 보디의 사진 한 장이 그동안 두 사람이 페이스북에서 받았던 모든 '좋아요'를 합친 것보다 더 많은 '좋아요'를 획득한 것이다.

전 세계에서 가장 옷 잘 입는 강아지 보디.(출처: MENSWEAR DOG 인스타그램)

여기서 끝이 아니었다. 페이스북에 사진을 올린 다음 날에는 남성 패션 잡지 〈GQ〉에서 패션 화보 촬영을 제안받았다. 패셔니스타 강아지의 탄생을 알리는 전주곡이었다.

보디의 가능성을 목도한 디자이너 부부는 아예 보디를 위한 인스타그램 계정을 만들었다. 계정의 이름은 'MENSWEAR DOG(남자 옷을 입는 강아지)'다. 그리고 부부는 패션 디자이너로서 기지를 발휘해 보디를 모델로 전 세계 남성들에게 패션 스타일링을 제안하기 시작했다. 옅은 핑크 리넨 슈트와 폴로 셔츠 같은 클래식 아이템에서부터 최신 유행의 스트리트 룩까지….

잘생긴 시바견 패션모델에게 스타일링 비법을 전수받고자 40만 명이 넘는 사람들이 MENSWEAR DOG 인스타그램 계정에 팔로우 버튼을 눌렀다. 보디는 〈하입비스트〉, 〈뉴욕타임스〉, 〈바자〉 같은 유명 잡지에 모델로 등장했다. 나이키, 살바토레 페라가모, 아메리칸 어패럴, 버그도프 굿맨 같은 인기 브랜드와도 협업했다. 보디의 스타일링 비법을 담은 책까지 출판됐다.

'개셔니스타(개+패셔니스타)' 보디의 연 수입은 2억 원 수준으로 알려져 있다. 이쯤 되면 잘 키운 강아지 하나 열 자식 안 부럽다고 해야 할까. 패션모델이 꼭 사람이어야 한다는 상식을 깬 결과였다.

아마 데이비드 펑과 김예나 부부가 가장 흐뭇한 점은 이것이 아닐까? 유명 패션모델이 된 후에도 보디가 원하는 것은 단 하나, 먹음직스러운 **뼈다귀**뿐이라는 사실.

40만 팔로워에 빛나는 '개' 셀러브리티 보디.(출처: MENSWEAR DOG 인스타그램)

"저처럼 입으면 당신도 개셔니스타…, 아니 패셔니스타가 될 수 있습니다!"(출처: 《MENSWEAR DOG》)

후지와라 히로시의 콘비니

- 상식: 옷은 옷 가게에서 구입한다.
- 비상식: 편의점을 옷 가게로 만든다.

    2018년 스트리트 패션의 제왕 후지와라 히로시가 디자인한 더 콘비니 매장을 방문했다. "역시 후지와라 히로시!"라는 탄성이 절로 나왔다. 편의점이었다. 아니 편의점이 아니었다. 편의점의 탈을 쓴 의류 매장이었다.

2018년 편의점과 옷 가게를 섞은 더 콘비니를 찾았다.

샌드위치 안에는 반다나가 포장되어 있었다. 시리얼 박스와 물병에는 티셔츠가 담겨 있었고, 삼각김밥에는 손수건이 들어 있었다. 지구에서 가장 창의적인 형태의 편의점이었다. 그 중심에 믹스가 있었다.

삼각김밥에는 손수건이, 시리얼 박스에는 티셔츠가 담겨 있는 희한한 편의점.

후지와라 히로시는 '믹스의
제왕'이라고 불릴 만한 인물이
다. 그는 1990년대 일본에 힙
합 문화를 들여온 장본인이다.
일본 최초의 힙합 디제이로 활
약하며 다양한 음악을 섞었다.

일본 스트리트 패션계의 대부 후지와라 히로시.(출처: 후지와라 히로시 인스타그램)

2000년대에는 오직 브랜드
와의 협업을 통해서만 제품을
만드는 콜라보 전문 회사 프라
그먼트 디자인을 설립했다. 수
많은 유명 브랜드의 제품 위에
프라그먼트 디자인을 상징하는
'번개 로고'를 새겼다 나이키·리바이스·스투시 같은 의류 브랜드는 물
론 마세라티 같은 자동차회사, 메디콤 토이·포켓몬 같은 장난감 제조
사, 심지어 롤렉스·루이비통 같은 고급 브랜드에 이르기까지⋯.

어느 브랜드와 만나든 프라그먼트 디자인의 번개 로고가 제품에 얹
히는 순간 매장 앞에는 기나긴 줄이 들어서고, 리셀가는 2배 이상 폭
등했다. 전 세계 핫한 브랜드들이 프라그먼트 디자인에 러브콜을 보
내는 통에 이제는 이 회사가 협업하지 않은 곳을 찾기가 더 어려울 정
도다.

제품 위에 얹히는 즉시 가격이 몇 배로 뛰는 프라그먼트 디자인의 번개 로고.(출처: 구글)

후지와라 히로시가 래퍼 트래비스 스콧과 손을 잡고 '나이키 에어조던 1'을 재해석했다. 신발에
프라그먼트 로고가 새겨졌고, 출시되자마자 리셀가가 폭등했다.(출처: 나이키 웹사이트)

2010년대 들어 후지와라 히로시는 공간을 섞기 시작했다. 2014년에 문을 연 더 풀 아오야마가 시작이었다. 후지와라는 1970년대에 지어진 저층 아파트의 실내 수영장을 개조해 의류 편집숍으로 만들었다.

수영장의 화장실은 탈의실이 됐다. 수영장이 내려다보이는 바닥에는 투명한 강화유리를 깔아 방문객이 물 위를 걸으며 쇼핑하는 느낌이 들도록 했다. 더 풀 아오야마에서는 나이키, 오프화이트 같은 유명 브랜드 제품뿐 아니라 수영장 로고가 새겨진 의류와 가방도 제작해 판매했다. 아오야마의 핫한 기념품 가게라는 명성을 얻었다.

더 풀 아오야마를 히트시킨 후에도 후지와라 히로시의 공간 실험은 계속됐다. 2015년에는 이세탄 백화점 신주쿠 지점에 옷 가게와 당구장을 결합한 더 풀 신주쿠를 오픈했다.

2016년에는 도쿄 긴자의 소니 빌딩 지하주차장에 의류 편집숍 더 파킹 긴자를 열었다. 어둡고 칙칙한 지하주차장에서 프라그먼트 디자인의 한정판 의류를 쇼핑하는 희한한 경험을 제공하면서, 오픈하자마자 도쿄의 핫스팟으로 등극했다.

그리고 2018년 후지와라 히로시가 소니 빌딩에 새롭게 문을 연 매장이 옷을 식료품처럼 포장해 파는 편의점 더 콘비니였던 것이다.

후지와라 히로시가 섞은 공간이 옷 가게만 있었던 건 아니다. 커피 왕국 스타벅스로부터 도쿄 미야시타 공원에 들어설 스타벅스 매장의 디자인을 의뢰받았을 때도 후지와라 히로시는 섞었다(스타벅스가 특정 인물과 콜라보 매장을 만든 건 후지와라 히로시가 처음이었다).

후지와라 히로시의 첫 번째 콘셉트 스토어 더 풀 아오야마. 수영장과 의류 매장을 섞은 공간
이었다.(출처: 〈하입비스트〉)

당구장과 의류 편집숍을 섞은 더 풀 신주쿠.(출처: 이세
탄 백화점 웹사이트)

지하주차장과 의류 편집숍의 만남 더 파킹 긴자.(출처: 유튜브 'みや
けこーすけ')

후지와라 히로시는 카페가 카페인을 충전하러 오는 곳이라는 점에서 착안해 스타벅스와 주유소를 섞었다. 이곳을 찾는 손님들은 마치 자동차가 주유소에서 주유를 하듯 커피를 마시며 몸과 마음을 충전한다. 프라그먼트 디자인의 번개 로고가 새겨진 스타벅스 텀블러를 구매해서 나간다.

수영장, 당구장, 주차장, 편의점, 주유소…. 후지와라 히로시는 늘 이질적인 공간을 충돌시켜 히트하는 공간을 만들어냈다.

앞으로 이 믹스의 제왕은 무엇과 무엇을 섞을까? 어떤 '옷 가게 같지 않은 옷 가게'로 사람들의 탄성을 자아낼까?

주유소와 카페를 섞은 스타벅스 미야시타점. 컨테이너 형태의 흔치 않은 스타벅스다.(출처: 스타벅스)

러쉬의 매장 경험

- 상식: 화장품 매장은 규격화되어야 한다.
- 비상식: 화장품 매장과 정육점을 섞는다.

"살아 있네!"

핸드메이드 화장품 브랜드 러쉬의 매장을 방문할 때면 영화 〈범죄와의 전쟁〉에서 하정우의 대사가 떠오른다. 이곳은 화장품 매장보다는 유럽의 재래시장에 더 가까워 보인다. 시장에 온갖 과일과 싱싱한 채소들이 진열되어 있는 것처럼 러쉬의 매장에도 형형색색의 천연 화장품들이 뭉텅이째 쌓여 있다.

러쉬의 대표 제품인 비누도 삐뚤삐뚤한 모양으로 매대에 올려져 있다. 고객이 구매 의사를 밝히면 직원이 덩어리째 잘라 저울로 무게를 잰 후, 원하는 수량만큼 종이에 말아서 준다.

이쯤 되면 떠오르는 공간, 정육점이다. 러쉬에서 비누를 사는 건 정육점에서 고기를 사는 것과 유사한 경험이다.

실제로 러쉬의 매장은 정육점을 모티브로 설계됐다. 비누를 자르는 거대한 칼, 무게를 재는 저울, 제품의 특징을 손글씨로 적어놓은 칠판까지 모두 정육점에서 가져왔다. 러쉬의 직원들은 상하기 쉬운 고기를 다루듯 세심한 손길로 비누를 자르고 포장한다.

러쉬가 정육점 같은 화장품 매장을 만든 데는 이유가 있다. 러쉬는

정육점을 닮은 러쉬의 매장. "살아 있네!"라는 감탄이 절로 나온다.

같은 영국 태생의 더바디숍과 함께 자연주의를 대표하는 화장품 브랜드다. 러쉬의 슬로건은 '신선한 핸드메이드 화장품Fresh Handmade Cosmetics'으로, 살아 숨 쉬는 제품을 부각하는 데 정육점만 한 장소가 없다고 판단한 것이다.

그 결과 고객은 러쉬 매장에 발을 들이는 순간부터 온몸으로 러쉬다움의 정수를 경험한다.

'이게 진짜 화장품이구나!'

이제 번드르르한 인테리어, 근사한 패키지, 유명 모델로 고객을 유혹하는 다른 화장품 브랜드는 전부 가짜로 보인다. 세상에서 가장 비상식적인 화장품 매장을 보고 싶다면 '정육점의 탈을 쓴' 러쉬 매장을 방문해보시길. 살아 있음을 만끽할 수 있다.

〈뽀빠이〉의 패션 화보

- 상식: 패션 화보를 스튜디오에서 각 잡고 찍는다.
- 비상식: 패션 화보를 카레 가게에서 찍는다.

1976년에 창간된 일본의 패션지 〈뽀빠이〉는 'Magazine for City Boys'라는 부제가 말해주듯 유행에 민감한 도시 소년을 위한 패션지다. 창간된 지 40년이 훌쩍 넘었음에도 여전히 높은 인기를 구가하는 중인데 그 비결 역시 믹스에 있다.

〈뽀빠이〉는 시티보이의 일상에서 주제를 발굴해 매 호에 특집호를 만든다. 대부분의 주제가 패션과는 관련이 없어 보이는 것들이다. 도쿄 커리, 샌드위치, 도넛, 스포츠, 뉴욕, 인테리어, 커피 등. 그리고 이 주제들과 패션을 엮는 것이다.

〈뽀빠이〉의 섞기 실력이 잘 드러나는 게 이 잡지의 전매특허인 패션 화보다. '피자' 특집호에서는 세련된 취향을 지닌 도시 소년들이 뉴욕의 피자 가게 앞에 줄 서 있는 모습을 비춘다. '카레' 특집호에서는 도쿄의 카레 가게가 화보의 배경이 되고, '뉴욕' 특집호에서는 시티보이가 뉴욕의 고서점에서 책을 탐독하는 모습을 연출한다.

시티보이들의 일상에서 소재를 찾아 패션과 섞기에 〈뽀빠이〉의 패션 화보는 늘 새롭고 자연스럽다. 여느 잡지의 화보처럼 스튜디오에서 과한 메이크업을 한 모델이 괴상한 포즈로 카메라를 응시하는 식의 클리셰는 찾아볼 수 없다.

진부한 패션 잡지들 사이에서 〈뽀빠이〉가 매번 신선한 그림을 보여주는 노하우와 잡지 몰락의 시대에 〈뽀빠이〉가 여전히 팔리는 잡지의 명맥을 유지하는 비결은 같다. 믹스다.

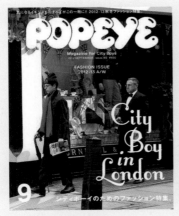

런던 특집호 커버.(출처: 〈뽀빠이〉)

버거 특집호 커버.(출처: 〈뽀빠이〉)

샌드위치 특집호 패션 화보. 아침에 먹을 샌드
위치를 신중히 고르는 시티보이.(출처: 〈뽀빠이〉)

카레 특집호 패션 화보. 도쿄의 카레 가게에서
카레와 문학을 동시에 섭취하는 시티보이.(출
처: 〈뽀빠이〉)

기술과
인간을
섞어라

사람 냄새 나는 브랜드 만드는 법

스물아홉 살 카피라이터의 광고 수업

"정말 엉뚱한 이름이었습니다. 그렇기에 머릿속에서 좀처럼 사라지지 않는 이름이었지요. 애플과 컴퓨터라, 누가 봐도 어울리지 않는 조합 아닙니까! 결국 브랜드 인지도를 높이는 데 큰 도움이 됐습니다." — 마이크 마쿨라, 애플 초대 회장

1984년, 스물아홉 살 청년이던 나의 아버지는 미국계 광고대행사 맥켄에릭슨의 일본 지사에서 연수 중이셨다. 당시 맥켄에릭슨의 부사장은 대한민국에서 온 카피라이터에게 평생 잊지 못할 한마디를 줬다.

"안상, 광고는 결국 인간화가 핵심이네."

같은 해 지구 반대편에서는 애플의 개인용 컴퓨터 출시를 알리는 '1984' 광고가 세상에 나왔다. 조지 오웰의 소설 《1984》를 모티브로 삼아 젊은 여성이 빅 브러더를 격퇴하는 모습을 담은 광고였다. 애플이 슈퍼컴퓨터의 명가 IBM에 맞서 싸우는 모습을 상징했다. 주목할 만한 사실은 이 광고에서 매킨토시 제품이 단 한 번도 등장하지 않았다는 것이다. 향후 애플의 주특기가 될 '인간화'를 알리는 서막이었다.

세계 최고의 IT 기업을 만든 히피

그리고 40년 가까운 세월이 지났다. 애플은 이제 전 세계에서 가장 성공한 IT 기업이 됐다. 그런데 'IT회사스럽지 않은 IT회사'다. 애플에는 IT회사 특유의 딱딱하고 무거운 느낌이 없다. 애플을 떠올리면 '엔지니어'가 아닌 '디자이너'가, '공장'보다는 고급스러운 '애플스토어'가 연상된다. 애플이 항상 기술보다 인간을 앞세웠기 때문이다.

창업자 스티브 잡스는 준 인문학자였다. 히피였다. 선불교에 빠진 구도자였다. 소크라테스와 함께 점심을 할 수 있다면 애플의 모든 기술과 바꾸겠다고 말하던 남자였다.

그런 잡스가 세운 회사가 여느 IT회사와 같을 리 없다. 애플은 기술 자체에 함몰되지 않았다. 기술은 목적이 아닌 수단이었다. 잡스의 말마따나 애플은 '기술과 인문학의 교차점'에 있는 기업이었다.

'애플 컴퓨터'라는 인문학적인 이름도 잡스의 머리에서 나왔다. 애플이 나오기 전까지 컴퓨터 시장에는 기술 전문가라는 이들이 싸지른(!) 제품명뿐이었다.

- 알테어 8800
- 코모도어 VIC-20
- 라디오쉑 TRS-80
- 아이비엠 PCjr

하나같이 촌놈 겁주는 딱딱하고 일방적인 이름들이었다. 이 틈바구니에서 애플 컴퓨터가 등장했다. 이름에서부터 유일해졌다. '모든 가정이 컴퓨터를 보유하는 세상을 만들겠다'는 애플의 초창기 미션에 완벽하게 부합하는 네이밍이었다. 집에서 부모와 자녀가 함께 사용하는 컴퓨터는 '사과'처럼 가볍고 친근해야 하니까.

잡스는 기술 만능주의에도 반기를 들었다. MP3에 수만 곡을 담는 기술은 물론 중요했다. 그러나 세 번의 클릭으로 곡을 찾을 수 있는 편리함은 더 중요했다. 애플은 절대로 기술을 고객 경험 앞자리에 두지 않았다. 잡스는 "사용자들이 제품에 맞추는 것이 아니라, 제품이 사용자를 위해 만들어져야 한다"라고 누누이 강조했다. 그래서 애플의 모든 제품은 설명서가 필요 없을 정도로 사용이 쉬웠다. 디자인은 심플했다. 가지고 노는 재미가 있었다. 소비자들이 이토록 인간을 배려하는 애플에 매혹된 건 당연한 결과였다.

그렇다고 애플이 마냥 살가운 회사는 아니었다. 어떤 제품을 원하냐고 고객에게 묻는 법이 없었다. 고객은 스스로 무엇을 원하는지 모를 테니까. 헨리 포드가 말한 대로 '자동차'를 보여주기 전까지는 '더 빠른 말'을 원한다고 답할 테니까.

결국 잡스 스스로가 기준이 됐다.

한 입 베어 문 애플의 사과 로고는 지구에서 가장 유명한 사과가 됐다.(출처: Wikimedia Commons)

그부터가 지구에서 가장 까다로운 소비자였다. 세탁기 하나를 사기 위해 2주 동안 가족회의를 여는 남자였다. 집 거실에 마음에 쏙 드는 조지 나카시마의 의자 하나만을 두고 생활하던 사나이였다.

잡스는 엔지니어는 아니었지만, 기술을 요리하는 법을 아는 셰프였다. 매번 세상에서 가장 맛있고 멋스러운 음식을 차려 내놓았다. 사람들은 처음 맛보는 요리에 넋을 잃었다. 잡스의 레시피 덕분에 애플은 세계 최고의 혁신 회사로 불리게 됐다.

기술보다 사람이 보이는 광고

과거 대부분의 IT회사는 스펙과 성능을 뽐내는 광고를 만들었다. 애플의 광고는 달랐다. 기술을 향유하는 '인간'을 중심에 두었다. 주인공은 늘 제품이 아닌 사람이었다.

애플의 광고는 늘 인간의 보편적인 정서를 건드렸다. 추억, 슬픔, 보람, 기쁨, 그리움…. 광고에서 기술은 '거들 뿐'이었다.

이제 애플의 광고는 하나의 장르로 여겨진다. 대부분의 IT회사가 기술이 아닌 사람을 부각하는 애플의 작품을 벤치마킹한다. 광고회사마다 애플스러운 광고를 만들어달라는 클라이언트의 행렬이 끊이지 않는다.

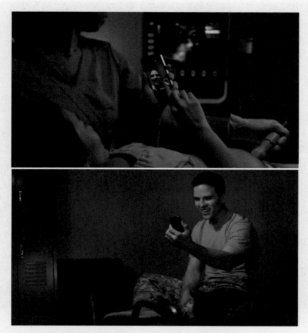

페이스타임으로 군인 남편에게 배 속의 아이를 보여주는 아내.(출처: 애플 광고)

아이폰의 음성인식 서비스 시리에게 오늘의 조크를 듣는 연기파 배우 존 말코
비치.(출처: 애플 광고)

할머니와 사별한 할아버지를 위해 아이패드로 할머니와의 추억 영상을 만들어준 손녀들.(출처: 애플 광고)

아날로그와 디지털 사이

그날 잡스는 '한 가지 더' 말할 게 있다며 운을 뗐다. 옅은 미소를 지으며 갈색 서류 봉투를 개봉했다. 봉투 안에서 나온 물건은 세상에서 가장 얇은 노트북 맥북 에어였다. 잡스는 한마디를 던졌다.

"놀랍지 않나요?"

청중의 나지막한 탄성과 함께 우레와 같은 박수갈채가 쏟아졌다.

잡스는 늘 이런 식이었다. 그는 아날로그의 힘을 아는 커뮤니케이터였다. 한때 아이팟의 광고 카피는 '당신 주머니 속에 노래 1,000곡'이었다(잡스가 아이팟을 처음 소개할 때 이 제품을 자기 청바지 주머니에서 꺼냈음은 물론이다). 아이패드 광고에서는 책상 위에 놓여 있는 연필 뒤로 '연필만큼이나 슬림한' 아이패드를 숨겨놓았다.

서류 봉투, 청바지, 연필…. 최첨단 애플 제품이 투박한 아날로그 아이템과 함께 등장할 때마다 애플 브랜드에는 온기가 더해졌다.

애플 제품을 판매하는 애플스토어에서도 애플식 아날로그를 경험할 수 있었다. 이곳에서는 파란색 티셔츠를 입은 산뜻한 애플맨들이 고객을 맞이했다. 한때 '지니어스바Genius Bar'라고 불리던 공간에서 애플의 '천재 직원들'은 고객이 궁금해하는 사항마다 명쾌한 답을 줬다. 소비자들은 애플스토어에서 인간화된 애플을 만났다. 그리고 이 생기

그가 세상에서 가장 얇은 노트북을 소개하는 방식. 잡스는 아날로그의 힘을 아는 커뮤니케이터였다.(출처: 애플)

애플이 아이패드가 얼마나 얇은지를 표현하는 방식.(출처: 애플 광고)

넘치는 천재들이 제공하는 서비스에 껌뻑 넘어갔다.

애플 매장에 방문하면 애플다움을 발산하는 천재들을 만날 수 있다.(출처: 애플 웹사이트)

스티브 잡스가 남긴 가장 큰 유산

수많은 후배가 스티브 잡스에게 인간화를 배웠다. 잡스의 사용자 경험에서 영감을 받은 아마존 창업자 제프 베조스는 회의를 할 때마다 자리 하나를 비워놓는다. 아마존의 고객 집착Customer Obsession을 상징하는 이미지다. '눈에는 안 보이지만 이 자리에 고객이 있다고 가정하고 회의합시다'라는 무언의 메시지다.

페이스북, 구글 같은 애플의 후배 기업들도 광고에 제품의 스펙 대신 인간을 담기 시작했다. 안드로이드, 카카오처럼 친근하고 귀여운 캐릭터를 만든 IT회사도 있다. 모든 기술 기업이 애플처럼 사람 냄새 나는 브랜드를 만들고자 한다. 1976년 애플이 처음 등장했을 때와 비교하면 장족의 발전이다.

2021년 10월 5일은 스티브 잡스가 타계한 지 10주년이 되는 날이었다. 이날 애플의 홈페이지에는 잡스를 추모하는 3분짜리 영상이 올라왔다.

나는 이 영상을 보면서 에르메스의 유명한 광고 문구를 떠올렸다.

"모든 것은 변하지만, 아무것도 변하지 않는다Everything Changes, but Nothing Changes."

잡스는 변화무쌍한 기술 업계에서 변하지 않는 '인간'을 이해한 최초의 경영자가 아니었을까? 애플 컴퓨터, 아이폰, 광고, 프레젠테이션, 애플스토어…. 위대한 경영자는 자신이 손대는 모든 것에 인간을 심었다.

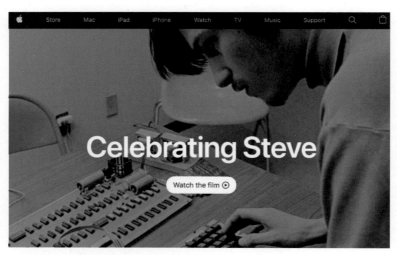

잡스를 추모하는 3분짜리 영상.(출처: 애플 웹사이트)

기술과 인간을 섞기. 이것이 스티브 잡스가 그토록 강조한 '다르게 생각하기Think Different'의 핵심이었다.

똑똑한 기술 기업은 늘 커뮤니케이션에 인간을 담는다: 임팩트 있었던 '기술과 인간' 믹스

당신이 2016년도에 구글 마케팅팀에 입사한 직원이라고 가정해보자. 당신은 대중에게 아직 낯선 개념인 '인공지능'을 소개해야 한다. 동시에 구글이 개발한 인공지능 프로그램 '알파고'의 기술력도 뽐내야 한다. 어떻게 해야 임팩트가 있을까? 기자회견이나 신제품 프레젠테이션을 열까? 아니면 비싼 돈을 들여 광고를 만들까?

구글의 선택은 '인간'을 끌어들이는 것이었다. 구글은 한국의 프로 바둑 기사 이세돌 9단과 알파고의 바둑 대결을 개최했다.

지구에서 가장 뛰어난 지능을 지닌 인간과 인공지능의 빅매치. 서울의 포시즌스 호텔에서 하루 한 차례의 대국으로 총 5회에 걸쳐 승부를 내는 시합이었다.

구글이 기획한 이벤트는 시작 전부터 '세기의 대결'로 주목받았다. 전 세계가 인간계 대표 이세돌을 응원하며 대국을 지켜봤고, 구글이 만든 알파고에 대한 관심도 폭발했다.

결과는 모두의 예상을 깨고 알파고의 4승 1패 승리였다. 알파고의

인간계 대표로 알파고에 맞선 한국의 이세돌 9단. 결과는 예상 밖이었다.(출처: 구글)

무시무시한 능력을 만천하에 알리는 데 이보다 더 효과적인 광고가 있을까. 다섯 판의 대국을 벌이는 동안 구글의 지주회사 알파벳의 시가총액은 58조 원 이상 늘었다.

당시 구글의 회장이던 에릭 슈밋은 "이 시합에서 어떤 일이 일어나든, 승자는 인류가 될 것이다"라고 했는데, 최종 승자는 인류가 아닌 구글이었다. 대중이 한 번도 들어본 적 없는 인공지능 기술을 인간화한 결과였다.

구글, 페이스북, 넷플릭스 같은 기술 플랫폼 회사는 어떻게 인간화를 이룰 수 있을까? 이들에겐 손에 잡히는 제품이나 매장이 없다. 오

페이스북의 인간화.(출처: 페이스북)

직 온라인상에서 사용자를 만나야 한다. 인간화를 하는 데 치명적인 단점이다. 그럼에도 이들 플랫폼 기업에는 강력한 무기가 있다. 고객이 플랫폼에 머무는 동안 남긴 흔적 데이터다.

요즘 플랫폼 기업은 '21세기의 석유'라고 불리는 데이터를 가지고 고객과 관계를 맺는다. 페이스북은 이용자가 이전에 업로드한 사진을 '과거의 오늘'이라는 이름으로 알려준다. 1년 전 딸과 여행을 떠난 날 올린 사진, 5년 전 딸이 태어난 날 올린 사진, 8년 전 결혼식 날 올린 사진…. 페이스북에서 보낸 시간을 따뜻한 추억으로 간직하라는 의미다. 페이스북식 인간화다.

세계 1위 음원 스트리밍 서비스 스포티파이의 관계 맺기도 특별하다. 스포티파이는 리스너의 취향을 저격하는 음악을 추천하는 것으로 이름난 앱이다. 사용자가 좋아할 만한 곡을 매주 두 시간 분량으로 추천해주는 '디스커버리 위클리'가 특히 유명한데, 이런 댓글이 등장할 정도다.

"스포티파이의 디스커버리 위클리 플레이 리스트가 두려웠다. 어찌나 나를 잘 알던지."

그런데 여기까지만 보면 스포티파이는 유튜브, 넷플릭스와 별반 다를 바가 없어 보인다. 이곳들 또한 기가 막히는 알고리즘으로 나에게 꼭 맞는 콘텐츠를 추천해주는 플랫폼이니까(그리고 몇 시간을 훌쩍 소비하게 하니까).

스포티파이는 여기서 한 걸음을 더 나아간다. 단순히 음악을 추천하는 걸 넘어 이용자가 '어떤 사람'인지까지도 알려준다. 스포티파이가 2016년부터 매년 12월에 개최하는 스포티파이 랩드Spotify Wrapped 이벤트를 통해서다. 스포티파이 사용자가 지난 1년 동안 들었던 곡을 총정리해주는 서비스다.

1년 동안 내가 스포티파이에서 음악을 들은 시간, 내가 가장 많이 선택한 뮤지션·곡·장르, 내가 아쉽게 놓친 음악, 내가 좋아하는 음악의 분위기…. 이용자가 스포티파이에서 1년간 남긴 청취 데이터를 토대로 '나만의 음악 취향'을 총정리해서 보여주는 것이다.

스포티파이 랩드는 매년 12월이면 스포티파이 가입자 6,000만 명

가량이 참여할 정도로 인기가 높다. 이즈음 페이스북과 인스타그램의 피드에는 자신의 연중 플레이 리스트를 나누는 포스팅으로 도배가 될 정도다(이 기간에 다른 이들의 음악 취향을 엿보다가 내년 12월을 기약하며(?) 스포티파이에 신규 가입하는 사람도 많다).

스포티파이의 인간화 방식은 크게 두 가지다. 하나, 고객에게 꼭 맞는 음악을 추천해준다. 둘, 고객이 어떤 취향을 지닌 사람인지를 정리해서 보여준다. 그렇게 스포티파이는 오프라인 매장이나 제품이 없이도 사람 냄새 풀풀 나는 플랫폼 기업으로 사랑받는다.

'나보다 나를 더 잘 아는 스포티파이.' 2021년 국내에 런칭한 스포티파이의 광고 카피다.(출처: 스포티파이 광고)

내가 지난 1년간 들은 음악으로 나만의 음악 취향을 정리해주는 스포티파이 랩드.(출처: 스포티파이)

사기업과 NGO를 섞어라

신의 사랑을 받는 브랜드가 되는 법

맨큐 교수의 굴욕

2011년 9월, 금융기관의 부도덕성에 경고를 날리는 '월가를 점령하라 Occupy Wall Street' 시위가 미국 전역을 뒤덮고 있을 때였다. 이 기간 하버드 대학교에서는 '맨큐 교수의 굴욕'이라고 불리는 사건이 일어났다. 《맨큐의 경제학》으로 유명한 경제학자 그레고리 맨큐 교수의 수업 도중 70여 명의 학생이 단체로 강의실을 빠져나간 것이다.

하버드대학교 학생들이 들고일어났다. "맨큐 교수님이 정신 차리시면 좋겠어요."(출처: WBUR)

신자유주의 사상을 대표하는 맨큐 교수에 대한 항의 표시였다(맨큐 교수는 보수적 가치를 지향하는 친공화당 인사로 유명하다. 조지 W. 부시 대통령 재임 당시 경제자문위원회 의장, 2012년 및 롬니 공화당 대통령 후보의 고문을 역임했다). 학생들의 불만은 맨큐 교수가 가르치는 경제학 내용이 자유시장을 옹호하는 쪽으로 편향됐다는 데 있었다.

"맨큐 교수님은 경제 시스템을 효율성 측면에서만 이야기해요."
"최저임금법이 실업을 야기한다는 교수님 말에 동의하지 않습니다."
"교수님은 2008년 경제위기에 대해서는 한마디도 하지 않았어요."

학생들이 맨큐 교수에게 보낸 공개서한에는 신자유주의의 토대가 되는 애덤 스미스의 자유주의적 시장 이론이 여전히 유효한지에 대한 문제 제기가 담겨 있었다. 경제 주체들이 각자의 이윤을 추구하면 '보이지 않는 손'에 의해 질서가 유지된다는 애덤 스미스의 이론은 현재의 자본주의가 야기한 수많은 문제점에 비추어볼 때 그 수명을 다했다는 것이다. 학생들의 수업 거부는 맨큐 교수에 대한 항의이자 자본주의 시스템에 대한 항변이었다.

기업은 돈만 잘 벌면 된다?

그리고 10여 년의 시간이 흘렀지만 자본주의의 위기론을 주장하는 목소리는 사그라지지 않았다. 자본주의 시스템하에서 경제적 약자들의 빈곤과 양극화 문제는 갈수록 심화됐으니까. 경제 개발로 인한 환경오염으로 전 지구가 몸살을 앓고 있으니까. 2008년 금융위기, 2020년 코로나 팬데믹 사태는 자본주의 위기론에 기름을 부은 사건이었다.

그럼에도 마가릿 대처 전 영국 총리가 유행시킨 말처럼 자본주의 외 '대안은 없다There is no alternative.' 학계를 중심으로 자본주의의 대안을 찾는 다양한 연구가 이어졌지만, 아직까지 뚜렷한 해법은 나오지 않았다. 결국 자본주의 안에서 해결책을 찾아야 한다.

다행히 경영계에서부터 변화의 조짐이 나타나고 있다. 2020년 애플의 팀 쿡, 아마존의 제프 베조스, JP모건의 제이미 다이먼 등 미국 간판 CEO들의 모임인 비즈니스 라운드테이블은 수십 년간 금과옥조처럼 여겨온 '주주 이익 극대화'를 폐기하기로 합의했다. 전 세계적 경제인들의 토론장인 다보스포럼에서도 주주들의 배만 불리는 주주 자본주의가 달라져야 한다는 데 의견이 모였다. 직원과 고객, 거래처까지 보살피는 '이해관계자 자본주의'가 새로운 시대정신으로 제시됐다. 기업이 돈만 잘 벌면 되는 시대가 끝났다는 선언이었다.

파타고니아의 우선순위

"마케팅 1.0 시대에는 기업들이 소비자의 '머리'에 호소했다. 마케팅 2.0 시대에는 '감성'을 자극했다. 마케팅 3.0 시대에는 소비자의 '영혼'

을 충족시켜야 한다."

마케팅 구루 필립 코틀러 교수의 말이다. 현재 소비자의 영혼을 충족시키는 일을 제일 잘하는 기업은 파타고니아다.

"사람들은 파타고니아가 사기업인지 NGO인지를 물어봐요. 그럼 저는 속으로 생각하죠. 둘 다 맞는 것 같은데, 그 중간 어디쯤 없을까?"

– 라이언 갤러트, 파타고니아 CEO

파타고니아는 이 시대 브랜드가 사랑받기 위해선 공공의 이익을 기업의 수익보다 앞서 추구해야 함을 보여준다. 고객이 사기업인지 NGO인지 헷갈릴 정도는 되어야 한다. 파타고니아가 'NGO 같은 사기업'이 된 건 창업자 이본 취나드 덕분이다.

그는 원래 사업을 할 생각이 전혀 없던 사내였다. 어렸을 때부터 공부보다는 산 타는 일에 매진하던 프로 등반가였다. 사업가를 '똥'으로 여기던 사람이었다. 그런 취나드가 등산 여행 비용을 마련하기 위해 '어쩔 수 없이' 파타고니아를 시작하게 됐다. 파타고니아가 돈벌이보다 다른 데 더 관심을 두게 된 건 자연스러운 결과였다.

파타고니아는 해마다 매출액의 1%를 풀뿌리 환경단체에 기부한다 (파타고니아는 이 돈을 '지구세earth tax'라고 부른다). 전 미국인이 쇼핑에 빠져 있는 추수감사절 연휴 기간에 '파타고니아 재킷을 사지 말고 고쳐 입으라'는 희한한 광고를 내보내기도 했다.

NGO인지 사기업인지 오해를 불러일으키는 기업 파타고니아.(출처: 파타고니아 페이스북)

"파타고니아 재킷을 사지 말고 고쳐 입으세요."(출처: 파타고니아 광고)

파타고니아 중고의류를 파는 매장을 오픈했다. 환경에 해를 끼치는 월스트리트의 몇몇 회사에 파타고니아의 베스트 재킷을 팔지 않겠다고 선언했다(월스트리트의 금융회사 중에는 파타고니아 베스트 재킷을 대량 구매한 후 회사 로고를 새겨 직원들에게 나누어주는 곳이 많다).

파타고니아는 다른 기업이 몸을 사리는 정치 이슈에도 용기 있게 목소리를 냈다. 1990년대에는 가족계획연맹을 후원했다가 기독교 복음주의자들로부터 거센 비난을 받았다(가족계획연맹은 안전한 임신중절 수술을 지원하는 비영리단체). 후원 소식이 알려진 후 파타고니아 콜센터에 항의가 빗발쳤는데, 파타고니아는 전화 한 통당 5달러씩을 가족계획연맹에 추가로 기부하겠다는 성명을 발표해버렸다. 그때부터 항의 전화가 뚝 끊겼다.

2020년에는 페이스북이 혐오를 부추기는 가짜 뉴스를 방치한다는 이유로 페이스북 광고를 중단했다. 같은 해 미국 대선을 앞두고는 파타고니아에서 판매하는 바지에 '꼰대 XX를 투표로 몰아내자 VOTE THE ASSHOLES OUT'라는 문구를 새겨넣었다. '꼰대'가 누구인지에 대한 언급은 없었지만 누구를 가리키는지 모르는 사람은 없었다.

이렇듯 파타고니아는 보수주의자들로부터 공격을 받는 것쯤은 개의치 않았다. 신념을 지키기 위해 고객을 잃는 것도 감수했다. 희한한 건 파타고니아가 이런저런 논쟁에 휘말렸을 때도 매출이 눈에 띄게 줄어든 적이 단 한 번도 없었다는 것이다. 매번 잃은 고객보다 더 많

2020년 미국 대선을 앞두고 파타고니아 바지 안쪽에 새겨진 문구. '꼰대 XX를 투표로 몰아내자.'(출처: 파타고니아)

은 고객을 얻었다. 그리고 지금 이 'NGO 같은 사기업'의 연매출은 10억 달러가 넘는다.

결국 '우선순위'였다. 파타고니아는 돈벌이를 기업의 사명 앞자리에 두지 않았다. 건강하게 자본을 획득하면서도 사회적 선을 추구했다. 그렇게 사명과 비즈니스의 믹스를 이루어냈다.

고객을 위해 기도해주는 카페 직원

지금부터 소개할 더치 브로스도 파타고니아 같은 기업이다. 소비자에게 '의식 있는 기업'으로 인정받으며 돈까지 잘 버는 흔치 않은 기업이다. 자본주의 세계의 이단아이자, 모든 기업이 롤모델로 삼을 만한 지속 가능한 브랜드다.

페이스북에 더치 브로스 직원들이 고객의 손을 잡고 기도하는 사진이 올라왔다. "신이시여, 이 여성의 마음을 위로해주세요."(출처: Barbara Danner 페이스북)

2016년 3월, 페이스북에 올라온 한 장의 사진이 수십만 개의 '좋아요'를 받았다. 미국의 드라이브 스루 커피 체인 더치 브로스의 직원들이 차에 탄 고객의 손을 잡고 기도를 해주는 사진이었다.

고객은 전날 남편과 사별한 여성이었다. 더치 브로스의 한 직원이 커피 주문을 받던 중 이 사실을 알게 됐고, 그녀를 위해 기도를 해주겠다고 나선 것이었다. 곧이어 다른 동료 직원들이 동참했고 기도는 5분여간 지속됐다. 뒤에서 이 광경을 지켜보던 다른 고객이 사진을 찍어 페이스북에 올렸고, 온라인에서 엄청난 화제를 모았다. 고객의 손을 잡고 전심으로 기도해주는 카페 직원들이라니!

다음 날 수많은 방송사가 매장을 찾아와 직원들을 인터뷰했고, 더치 브로스 직원들의 진가가 또 한 번 미 전역에 알려졌다.

더치 브로스 직원들이 방송사 인터뷰에 응했다. "평소에 하던 대로 했을 뿐이에요. 사랑을 실천하는 일이요."(출처: FOX 12 OREGON)

더치 브로스 매장의 점주도 인터뷰에 응했다. "우리 직원들이 정말 자랑스러워요."(출처: FOX 12 OREGON)

스타벅스의 새로운 라이벌?

2021년 9월 16일, 더치 브로스가 미국 주식 시장에 상장됐다. 화려한 데뷔였다. 첫날에만 주가가 70% 상승했다. 더치 브로스가 이날 모은 금액은 4억 8,000만 달러, 오리건 출신 기업으로서는 역대 최대 규모의 기업공개였다(더치 브로스 이전의 최고 기록은 1980년에 상장한 오리건 육상 괴짜들의 회사 나이키였다).

언론에서는 향후 더치 브로스가 스타벅스의 라이벌이 될 가능성을 논했다. 두 회사의 규모만 놓고 봤을 때는 터무니없는 소리였다. 당시 미국 내 스타벅스의 매장 개수는 1만 5,000개, 더치 브로스는 470개였으니까. 스타벅스의 시가총액은 더치 브로스의 67배였다.

그러나 언론에서 주목한 건 따로 있었다. 더치 브로스의 '팬덤'이었다. 더치 브로스 매장 앞에는 언제나 기나긴 차량 행렬이 이어졌다. 새롭게 매장을 오픈하면 주변 교통이 마비됐다. 더치 브로스 고객들의 차 때문에 인근의 공용 주차장까지 만차가 될 정도였다(주변 상점들

주식 시장에 상장된 날 더치 브로스 주가는 70% 올랐다. 같은 오리건 출신 기업 나이키의 기록을 깼다.(출처: 뉴욕 증권거래소)

의 항의로 더치 브로스 매장이 철수하는 일도 비일비재했다). 더치 브로스 매장의 폐업률은 3%에 불과했다.

더치 브로스의 고객들은 단순히 이 브랜드를 '좋아한다'고 말하지 않았다. 그들은 이 브랜드에 '중독'됐다고 했다. 더치 브로스 매장에 가면 '커피 이상의 무언가'가 있다고 한목소리로 이야기했다.

고객의 손을 잡고 기도해준 직원들이 보여준 그것, 눈에 보이지 않지만 분명히 존재하는 실체. 그건 '사랑'이었다. '사랑'이 더치 브로스의 핵심 가치이자, 세상에 존재하는 이유였다. 더치 브로스를 다른 커피 전문점과 구분해주는 진짜 경쟁력이었다.

"더치 브로스의 메인 제품은 사랑입니다. 저는 사랑이 제품인 회사를 더치 브로스 외에는 한 번도 본 적이 없습니다." – 트레비스 보스마, 더치 브로스 창업자

언론에서 더치 브로스를 스타벅스의 대항마로 꼽은 것도 바로 이 회사의 메인 제품 '사랑' 때문이었다.

네덜란드 후손들이 세운 드라이브 스루

1992년, 미국 오리건주에서 나고 자란 보스마 형제가 더치 브로스를 창업했다. 보스마 집안은 2대째 낙농업에 종사해온 네덜란드계 이민자들이었다. 보스마 형제도 처음에는 가족 사업을 승계할 계획이었으

나 낙농업의 미래가 그리 밝지 않음을 깨닫고는 젖소를 처분했다. 에스프레소 기계를 손수레에 싣고 다니며 커피를 팔기 시작했다. 네덜란드인의 후손답게 회사 이름을 '더치 브로스Dutch Bros'라고 지었다.

손수레 커피 사업은 날로 번창했고 형제는 커피를 판매한 돈으로 드라이브 스루 매장을 세우기에 이르렀다. 고객이 차를 타고 와서 음료를 주문해 가는 매장이다.

드라이브 스루 매장에는 여러 장점이 있었다. 일단 땅값이 비싼 도심에 자리 잡을 필요가 없었다. 따라서 스타벅스 같은 거대 브랜드와의 맞대결도 피할 수 있었다.

또 테이크아웃 서비스만 제공하니 운영 면에서도 효율적이었다. 매장 안에 고객이 앉을 테이블을 둘 필요가 없었고, 소수의 직원만 두면 되니 매장 운영비도 아낄 수 있었다. 결과적으로 스타벅스보다 10~20% 저렴한 가격에 커피를 팔 수 있었다.

더치 브로스는 코로나 팬데믹의 태풍도 피해 갔다. 이 시기 다른 커피 체인점의 매출은 급감했지만 코로나 바이러스로부터 상대적으로 안전한 이미지의 더치 브로스 매장에는 사람들이 몰려들었다. 2020년 더치 브로스의 수익은 전년 대비 40%가량 상승했다. 동 기간 스타벅스의 매출은 10% 하락했다.

손수레 커피를 팔던 시절의 보스마 형제.(출처: 더치 브로스)

미국에서 가장 인기 있는 드라이브 스루 카페 더치 브로스.(출처: 〈애리조나 데일리 선〉)

모든 사람이 아는 '비밀 메뉴'

아메리카노, 라떼, 코코아, 에
너지 드링크, 스무디, 레모네이
드….

더치 브로스의 메뉴판에는
수십 개의 음료 이름이 빼곡히
적혀 있다. '없는 것 빼고 다 있
다'고 할 수 있을 정도다(특히 단
맛이 나는 음료의 비중이 높은 편이
다). 그런데 여기서 끝이 아니
다. 더치 브로스에는 메인 메뉴

호랑이 피 레모네이드(출처: 더치 브로스 인스타그램)

보다 더 유명한 '비밀 메뉴'가 있다. '더치 브로스 시크릿 메뉴'다.

호랑이 피 레모네이드, 유니콘 피 블렌디드, 뱀파이어 슬레이어….

공식 메뉴판에는 없지만 매장에서 판매 중인 더치 브로스의 야심작
이다.

여기서 반전은 더치 브로스의 고객이라면 시크릿 메뉴 몇 개쯤은
숙지하고 있다는 것이다. 즉, 모든 사람이 알고 있는 '비밀 아닌 비밀
메뉴'가 바로 시크릿 메뉴다.

더치 브로스 시크릿 메뉴가 비밀이 아닌 데는 이유가 있다. 더치 브
로스는 새로운 시크릿 메뉴를 출시할 때마다 더치 브로스의 SNS 채

더치 브로스의 시크릿 메뉴는 인스타그램에서 공개된다. '뱀파이어 슬레이어' 메뉴를 출시할 때는 광고도 만들었다.(출처: 더치 브로스)

널을 통해 슬며시 공개한다. 그런데 원래 나만 아는 비밀은 다른 이에게 알려주고 싶은 게 사람 심리 아니던가. 인스타그램과 페이스북에서 시크릿 메뉴를 발견한 고객은 인간의 본성에 따라(?) 이 비밀을 전파하게 되고, 점점 더 많은 사람이 시크릿 메뉴의 존재를 알게 된다.

미국 내에서 더치 브로스 시크릿 메뉴에 대한 관심은 무척 뜨거워서 구글에서 '더치 브로스'를 검색하면 연관 검색어로 '시크릿 메뉴'가 자동 검색될 정도다. 유튜브, 인스타그램에서는 더치 브로스의 시크릿 메뉴 인증샷을 찍어서 올리는 것이 유행이 됐다.

〈코스모폴리탄〉 같은 유명 잡지는 새롭게 출시된 더치 브로스의 시크릿 메뉴 리스트를 정기적으로 소개한다. 그 덕에 더치 브로스 매장을 찾아 메뉴판에 없는 음료를 주문하는 고객의 숫자도 폭발적으로 증가했다.

더치 브로스 시크릿 메뉴의 레시피를 파헤치는(?) 꼬마 유튜버.(출처: 유튜브 'Rather-Be-Shopping.com')

난생처음 사랑을 배우는 회사

더치 브로스 직원들은 지구에서 가장 친절한 직원으로 불린다. 늘 웃는 얼굴로 고객과 대화를 나누는 건 기본이다. 고객의 이름과 음료 취향을 기억하고, 생일을 맞은 고객에게는 즉석에서 노래도 불러준다. 자동차에 탑승한 강아지를 위해 음료를 만들어주는 직원도 있다. 유튜브에서는 더치 브로스 직원들의 서비스를 경험하고 감격스러워하는 영상을 쉽게 찾아볼 수 있다.

직원이 고객의 손을 잡고 기도해준 건 더치 브로스 밖에서는 놀라운 사건이지만, 더치 브로스 안에서는 일상적인 일이었다. 어떤 직원은 단골손님의 남편이 스스로 목숨을 끊었다는 소식을 접했다. 이후 꽃다발과 한 달 치 공짜 음료 쿠폰을 준비해놓았다가 고객에게 건네

줬다. 더치 브로스의 직원들 모두가 이런 식으로 일한다.

더치 브로스 직원의 '미친' 서비스에는 이유가 있다. 더치 브로스는 브로이스타(더치 브로스의 직원을 가리키는 말)를 아주 세심하게 뽑는데, 가장 중점적으로 보는 게 인성이다. 진심으로 고객을 위하고, 낮은 마음으로 섬길 수 있는 사람만을 채용한다.

동료 직원들과의 팀워크 역량도 필수적으로 갖춰야 한다. 세상에서 가장 친절한 동료 직원들과 합을 맞춰야 하니까(더치 브로스에 입사해 다른 '천사 같은' 직원을 보니 자신이 아주 못된 사람처럼 느껴졌다고 고백한 직원도 있다).

더치 브로스의 직원들은 고객 사랑을 실천하기 위한 자율성을 보장받는다. 더치 브로스 직원들이 지켜야 하는 더치 신조에만 부합한다면 어떤 서비스도 제공할 수 있다.

- 만나는 모든 사람에게 건강, 행복, 번영에 대해서 말한다.
- 사람들을 만날 때마다 그들 안에 특별함이 있음을 느끼게 한다.
- 내가 성공하는 것만큼이나 다른 사람들의 성공에 대해서도 열정을 갖는다.

열 개가 넘는 더치 신조를 간추리면 다음의 한 문장이 된다.
'고객을 사랑하라. 그러면 고객도 우리를 사랑해줄 것이다.'
더치 브로스에서 3년 동안 일했다는 어느 직원의 말도 인상적이다.
"나는 더치 브로스에서 생면부지의 낯선 사람을 사랑하는 법을 배

고객의 주문을 받는 더치 브로스 직원. 이런 표정은 누가 시켜서 나오는 게 아니다.(출처: 더치 브로스)

더치 브로스의 브로이스타가 되려면 팀워크 역량이 필수적이다.(출처: 더치 브로스)

웠다. 그건 어디에서도 배우지 못한 것이었다."

더치 브로스는 지역 사회에 사랑을 전파하는 일에도 열심이다. 더치 브로스 내의 사회공헌팀 더치 브로스 재단을 통해서다. 더치 브로스는 매년 2월과 9월의 하루, 더치 브로스에서 판매되는 모든 음료에서 1달러씩을 적립해 지역 사회에 기부한다. 더치 브로스는 유방암 환자를 돕는 단체에 지금까지 총 160만 달러가 넘는 금액을 후원했다. 2009년에 보스마 형제 중 동생 데인 보스마가 루게릭병으로 사망한 후부터는 매년 근위축증협회에도 200만 달러 이상을 기부한다. 사기업 더치 브로스가 사랑을 가르치는 학교이자 지역 사회를 돕는 NGO의 역할까지 하고 있는 것이다.

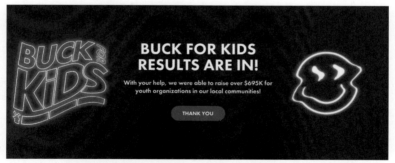

더치 브로스 웹사이트의 첫 화면 또한 NGO스럽다. 지역 어린이를 돕는 기부 이벤트 화면이 뜬다.(출처: 더치 브로스 웹사이트)

사랑이 최고의 경영 전략

더치 브로스는 '사랑하는 문화'를 지키는 일에도 사활을 건다. 최소 3년 간 더치 브로스의 직원으로 일한 사람만이 가맹점을 열 수 있도록 했다. 더치 브로스의 사랑 문화를 뼛속까지 체득한 자만이 더치 브로스 스럽게 매장을 운영할 수 있음을 알고 있어서다. 미국의 프랜차이즈 업계에서는 전례가 없는 정책이다. 심지어 가맹점 중에서 더치 브로스 의 기준에 미치지 못하는 매장은 본사에서 다시 사들인다.

더치 브로스는 빠른 성장도 경계한다. 마음만 먹으면 얼마든지 새 로운 매장을 낼 수 있지만 자제한다. 너무 빠른 성장은 더치 브로스 문화에 해가 될 거라 믿어서다. 더치 브로스의 문화 디렉터 브랜트 보 스마의 말이다.

"우리는 돈보다 먼저 고객과 관계를 쌓으려고 노력합니다. 거기에 서 영원히 지속될 만한 성공이 나오니까요."

오리건의 촌뜨기 회사 더치 브로스가 '팔리는 브랜드'가 되는 데는 아주 복잡한 공식이 필요한 것이 아니었다. 사랑이었다. 사랑으로 무 장한 직원을 뽑고, 사랑을 실천할 수 있도록 판을 깔아줬다. 그리고 회 사 전체가 사랑하는 문화를 잃지 않도록 노력했다. 이것이 전부였다.

이 과정에서 더치 브로스는 미국 최대의 드라이브 스루 체인으로 성 장했다. 매년 3억 달러가 넘는 이익을 내는 스타벅스의 잠재적 경쟁자 로 부상했다. 더치 브로스는 사랑이 최고의 경영 전략임을 증명했다.

따분함과
즐거움을
섞어라

무색무취의 브랜드를 핫 브랜드로 만드는 법

'따분함'에 숨겨진 대박 기회

밥 에번스 팜스Bob Evans Farms, 펩 보이즈-매니 모 앤 잭Pep Boys-Manny, Moe & Jack, 콘솔리데이티드 록Consolidated Rock….

모두 전설적인 투자자 피터 린치가 투자한 회사들이다(피터 린치는 1977년부터 1990년까지 연평균 29.2%의 수익률을 기록한 펀드 매니저다). 그가 이 회사들에 투자한 이유가 있다.

'아주 따분한 이름을 가지고 있어서.'

따분한 이름을 가진 회사를 선호했던 투자자 피터 린치.(출처: 유튜브 'New Money')

피터 린치에 따르면, 월스트리트의 분석가나 포트폴리오 매니저는 '펩 보이즈-매니 모 앤 잭'이라는 이름의 주식을 '제정신으로' 추천하지 않는다. 칵테일파티에서 밥 에번스 팜스 주식을 가지고 있다고 말하면 누구의 관심도 끌지 못한다. 그러나 피터 린치 같은 가치 투자자의 입장은 달랐다. 이들은 사람들의 오해로 저평가된 종목에 투자하는 사람들이다. 그리고 따분한 이름은 수익성이 높은 회사도 '그저 그런 회사'로 보이게 하는 장점(?)이 있었던 것이다.

피터 린치는 따분한 사업을 하는 회사도 선호했다. 캔과 병뚜껑을 만드는 회사 크라운 코크 앤 씰Crown Cork and Seal, 식품점에서 사용된 쿠폰을 처리하는 회사 세븐 옥스 인터내셔널Seven Oaks International, 차가 수리되는 동안에 다른 차를 사용할 수 있도록 해주는 회사 에이전시 렌터카Agency Rent-a-Car···.

겉으로 봐서는 따분한 회사였다. 그러나 이 회사들이 벌이는 일은 결코 따분하지 않았다. 알짜 사업으로 무지막지한 돈을 벌고 있었다. 무엇보다 장기적으로 이 회사들의 주가는 결코 따분하지 않을 정도로 상승했다!

피터 린치는 '따분한 사업을 하는 회사'가 '따분한 이름'을 가진 주식을 가장 선호했다. 피터 린치는 이 회사들이 단지 '섹시해 보이지' 않다는 이유로 월스트리트의 외면을 받을 때 주식을 샀다. 뒤늦게 사람들이 회사의 진면목을 알아보고 몰려들 때는 유유히 빠져나왔다. 그렇게 전설적인 투자자로서의 명성을 쌓았다.

피터 린치가 간파한 것처럼 따분한 분야는 기회의 땅이다. 대다수 사람의 시야에 들어오지 않는 미개척지다. 요즘 눈 밝은 사람들은 이런 분야를 찾아다닌다. 따분함으로 가득 찬 영역에 즐거움 요소를 몇 스푼 섞는다. 그렇게 시장에 충격을 주고 따분한 경쟁사들을 훌쩍 뛰어넘는다. 이 방식의 효과를 증명한 브랜드가 한국의 밀가루 브랜드 곰표와 미국 프로농구 리그 NBA다.

곰표 콜라보가 성공한 진짜 이유

2021년, 예순아홉 살의 '원조 백곰'이 대한민국 유통 시장을 뒤집어놓았다. 이 백곰은 곰표 밀가루를 만드는 대한제분의 마스코트 '표곰이'다. 표곰이가 새겨진 곰표의 콜라보 제품이 히트 행진을 이어가고 있다.

곰표 베이커리 하우스, 곰표 패딩, 곰표 핸드크림, 곰표 팝콘, 곰표 문구 세트, 곰표 치약, 곰표 세제, 곰표 나쵸, 곰표 밀맥주, 표문(뒤집으면 곰표) 막걸리….

곰표의 콜라보 제품은 나오는 족족 사람들의 입에 오르내렸다. 특히 곰표 밀맥주는 2021년 '곰표 대란'의 주역이 됐다. CU편의점에서 전통의 강자 카스와 하이네켄을 제치고 전체 맥주 판매 순위 1위를 기록한 것이다.

능름한 자태를 뽐내는 예순아홉 살의 표곰이.(출처: 곰표)

잊을만 하면 등장하는 곰표의 콜라보 제품. 3년 동안 내놓은 콜라보 제품만 20종에 달한다.(출처: 곰표)

이건 불과 3년 전만 하더라도 상상할 수 없는 광경이었다. 곰표의 모회사 대한제분은 매출 대부분이 기업 간 거래**B2B**에서 발생하는 회사다. 회사는 오랫동안 곰표 브랜드를 알리는 데 적극적이지 않았다. 자연히 곰표는 늘 무색무취의 브랜드였다. 고객들 가운데 곰표 밀가루가 '좋아서' 구매하는 이들은 드물었다. 그냥 마트에 있으니까 샀다.

그러던 중 2018년에 진행된 한 설문조사가 사측의 경각심을 일깨워줬다. 2030세대 소비자 중 단 20%만이 '밀가루 하면 떠오르는 브랜드'로 곰표를 꼽았던 것이다. 중장년층과 달리 MZ세대는 아예 곰표 자체를 몰랐다. 조사 결과로 회사 전체가 충격에 휩싸였다.

'30년 뒤 고객들의 장바구니에 곰표가 있을까?'

대한제분 직원 중 누구도 이 질문에 자신 있게 답할 수 없었다. 확신이 없는 만큼 두려웠다. 곰표가 30년 뒤에도 잊히지 않게 하려면 해야 할 일은 명확했다. 따분한 브랜드 곰표가 MZ세대의 생활 속으로 들어가야 했다. 사람들이 곰표를 먹고, 마시고, 가지고 놀아야 했다.

이때 곰표가 찾은 솔루션이 '과거', 그리고 '콜라보'였다. 지금은 찾아보기 힘든 '○○표'라는 복고적인 네이밍과 투박한 곰표의 디자인을 전면에 부각했다. 때마침 '뉴트로**New+Retro**' 열풍이 분 것도 곰표에게는 천운이었다.

또 곰표는 브랜드의 본질을 지키며 콜라보했다. '곰표 = 밀가루'라는 공식에 따라 밀가루처럼 하얗고 깨끗한 제품만을 내놓았다. 곰표 밀맥주, 곰표 팝콘, 곰표 (화장품) 쿠션 모두 '밀가루'와 충분한 연관성이 있는 아이템이었다.

곰표의 성공 이후 수많은 이색 콜라보 제품이 쏟아졌지만 곰표만한 히트작이 없었던 것도 협업하는 제품들 간의 연관성이 떨어져서였다. 구두약 회사에서 출시한 흑맥주를 한 번은 몰라도 계속해서 마시고 싶은 사람은 없을 테니까.

곰표 콜라보의 또 다른 특징은 꾸준함이었다. 곰표는 뉴트로 트렌드에 편승하려던 다른 브랜드들과는 달랐다. 곰표가 3년 동안 내놓은 콜라보 제품만 20종에 달했다. 그 결과 대중이 곰표 콜라보를 바라보는 시선은 신기함에서 익숙함으로 변해갔다.

곰표 놀이공원의 탄생

"이제 브랜드는 놀이공원이다. 상품은 놀다가 사 가는 기념품이다."

미국의 유명 광고인 제프 굿비의 말이다. 그의 말처럼 요즘 팔리는 브랜드는 소비자들에게 제품부터 들이밀지 않는다. 먼저 놀이공원을 만든다. 소비자들이 놀이공원에서 신나게 놀고 있을 때쯤 슬쩍 기념품(상품)을 제안한다. 고객의 지갑이 활짝 열린다.

에너지 드링크로 유명한 레드불은 익스트림한 에너지로 가득한 놀이공원을 만들었다. 레드불 놀이공원에서는 모터스포츠, 스케이트보드, 비보잉 대회가 수시로 열린다. 지상 38킬로미터 상공 성층권에서 스카이다이빙을 하는 빅 이벤트로 전 지구적인 관심을 끌기도 했다.

2012년에 열린 레드불의 우주 낙하 프로젝트. 800만 명이 유튜브 중계를 통해 실시간으로 지켜봤다.(출처: 레드불)

치킨 브랜드 KFC는 창업자 커넬 샌더스 할아버지와 놀 수 있는 코믹한 놀이공원을 만들었다. 샌더스 할아버지가 주인공인 로맨스 소설, 만화책, 데이팅 게임, 야시시한(?) 단편 영화…. KFC 놀이공원에 입장한 고객들은 젊은 오빠로 환생한 샌더스 할아버지와 즐거운 시간을 보낸다.

KFC는 창업자 커넬 샌더스 할아버지를 근육질 남자로 부활시켰다. 야시시한 영화도 찍었다.(출처: KFC)

국내에서는 배달의민족이 만든 B급 놀이공원이 유명하다. '헐' 소리가 절로 나오는 명문장들이 쏟아진 배민 신춘문예, 한나체 · 주아체 같은 배민의 폰트, 달력 · USB · 때수건 등을 파는 배민 문방구, 배민 떡볶이 마스터즈, 배민 치믈리에 자격시험….

'아빠 힘내세요, 우리고 있잖아요' 같은 명문장이 쏟아진 배민 신춘문예.(출처: 배달의민족 광고)

배달의민족이 국내 배달 앱 시장에서 50%가 넘는 시장 점유율을 가지게 된 비결은 배달이 가장 빨라서도, 할인쿠폰을 제일 많이 발행해서도 아니었다. B급 놀이공원을 만들어 수많은 '배짱이(배달의민족 팬을 지칭하는 용어)'가 뛰어놀게 했기 때문이다.

대한민국에서 배민의 뒤를 이을 놀이공원은 곰표 놀이공원이다. 지난 몇 년 동안 곰표가 꾸준히 놀이기구를 늘려왔으니까. 곰표 놀이공원에 입장하려는 고객의 수도 폭발적으로 증가했으니까.

이제 사람들은 곰표 놀이공원에서 곰표 밀맥주를 마시고, 곰표 팝콘을 먹는다. 곰표 화장품을 바르고, 곰표 노트에 곰표 펜으로 일기를 쓴다. 무료로 배포된 '곰표체'를 다운받아서 써본다. 그렇게 곰표라는 브랜드와 친해지고 팬이 되어간다.

"브랜드가 고객과 얼마나 자주 소통했는지에 따라 '올드'와 '클래식'이 갈립니다. 밀가루로 시작한 곰표는 클래식 브랜드가 되고 싶다는 바람으로 고객 앞에 나서고자 합니다."

대한제분 마케팅 본부장의 말이다. 고객에게 잊히는 것이 두려웠던 예순아홉 살 브랜드는 30년이 지나도 잊히지 않을 클래식 브랜드가 돼가는 중이다. 따분함의 끝을 달리는 밀가루 업계에서 홀로 즐거움을 심은 덕에, 밀가루로 만든 '하얀색' 놀이기구를 하나씩 하나씩 채워나간 덕에.

마이클 조던 없이도 NBA가 부활한 비결

2022년 2월 20일, 미국 프로농구 NBA의 올스타전이 열렸다. 이날 경기의 하프타임에는 NBA 탄생 75주년을 기념하는 행사가 있었는데, 농구 관계자들이 투표로 선정한 '위대한 선수 75인'이 차례로 등장했다.

래리 버드, 매직 존슨, 찰스 바클리, 샤킬 오닐, 르브론 제임스….

그리고 가장 마지막으로 등장한 인물은 당연히 마이클 조던이었다.

조던은 압도적인 표 차로 역사상 가장 위대한 농구선수 1위로 뽑혔다. NBA의 역사는 마이클 조던 이전과 이후로 나뉜다고 해도 과언이 아니니까.

1984년 마이클 조던이 NBA에 데뷔하면서 전 세계적으로 농구팬이 급증했다. 사람들은 조던을 따라서 시카고 불스의 유니폼 저지를 입었고, 에어조던을 구입했다. 마이클 조던을 광고 모델로 기용한 나이키는 아디다스를 제치고 세계 최고의 스포츠 브랜드로 우뚝 섰다.

그런데 문제는 마이클 조던이라는 슈퍼스타가 코트를 떠난 후부터 발생했다. 조던이 은퇴하고 나서 10여 년간 NBA의 인기가 추락했다. 샤킬 오닐, 코비 브라이언트, 앨런 아이버슨 같은 스타들이 활약했지만 조던의 스타성을 넘지는 못했다. 샌안토니오 스퍼스처럼 수비 위주의 경기를 펼치는 팀들이 득세하면서 경기의 템포는 느려졌고 저득점 경기가 속출했다. 당시에 한 스포츠 잡지 기자는 한적한 NBA 경기장을 두고 이렇게 묘사했다.

"앞 좌석에서 아이들이 방해받지 않고 숙제를 할 수 있을 정도다."

그런데 침체기를 겪던 NBA가 2010년대 들어 반등하기 시작했다. '킹' 르브론 제임스와 '3점 슛 혁명가' 스테판 커리가 NBA의 부활을 주도했다. 이들로 인해서 수비가 아닌 공격 농구가 대세가 됐다. 3점 슛이 새로운 트렌드가 됐다.

그리고 지금 NBA는 미국 프로풋볼NFL, 미국 프로야구MLB를 제치고 미국에서 가장 빠르게 성장하는 스포츠 리그로 자리 잡았다. NBA 30

마이클 조던은 이론의 여지가 없는 NBA 역사상 최고의 플레이어다.(출처: 유튜브 'NBA on TNT')

마이클 조던 덕분에 나이키는 세계 최고의 스포츠 브랜드로 등극했다.(출처: 나이키)

개 팀은 매년 80억 달러 이상의 수익을 기록하며, NBA 선수들의 평균 연봉은 MLB와 NFL을 훌쩍 뛰어넘는다.

특히 주목해야 할 부분은 미래의 소비자 Z세대 사이에서의 인기다. 이들은 앞선 세대보다 스포츠에 대한 관심이 높지 않은 편이다. 그런 Z세대가 기성세대보다 더 좋아하는 스포츠는 단 두 개, NBA와 E스포츠뿐이다.

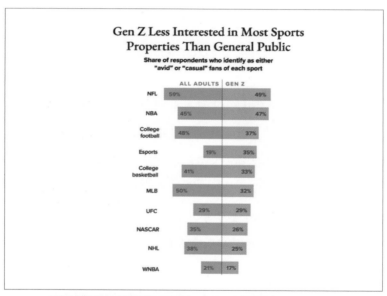

Z세대가 성인들보다 좋아하는 스포츠는 NBA와 E스포츠뿐이다.(출처: 모닝 컨설턴트)

오랜 침체기를 지나온 NBA가 부활한 비결은 하나다. NBA는 마이클 조던의 은퇴 이후 따분해진 리그에 색다른 즐거움을 심었다. 그 결

과 기존의 농구팬뿐 아니라 모두가 즐길 수 있는 '팔리는 리그'로 등극
했다.

쇼 비즈니스

"백화점은 부동산업이다."

"호텔은 장치 산업이다."

"반도체는 경쟁사보다 조기 생산해야 수익을 낼 수 있는 시간 산업이
다."

고 이건희 삼성 회장이 업의 본질에 대해서 한 말이다. 이 회장은
분명한 기준을 가지고 적절한 의사결정을 내리기 위해선 자신의 업을
명확히 정의하는 일이 무엇보다 중요하다고 생각했다.

그럼 NBA는 스스로 어떤 사업을 영위하고 있다고 생각할까?
NBA를 이끄는 애덤 실버 총재의 말에 답이 있다.

"저는 NBA 경기를 관람하는 시청자가 몇 분 동안 경기를 보는지,
어느 부분을 즐겨 보는지 항상 확인합니다."

이건 NBA 총재가 아니라 방송국 피디가 할 법한 말이 아닐까? 애
덤 실버 총재의 말을 통해서 알 수 있는 NBA의 업의 본질은 '쇼 비즈
니스'다. 'NBA = 쇼 비즈니스'로 인식하기에 여타 스포츠 리그와 다르
게 행동할 수밖에 없다.

애덤 실버 총재가 생각하는 NBA의 업의 본질은 쇼 비즈니스다.(출처: 유튜브 'NBA on TNT')

일단 NBA는 경쟁사를 MLB나 NFL 같은 스포츠 리그에 국한하지 않는다. 사람들의 관심을 놓고 경쟁하는 모든 회사가 NBA의 경쟁사다. 넷플릭스·디즈니 같은 콘텐츠회사, 포트나이트·리그오브레전드 같은 게임회사….

또 NBA 각 팀에게 승리보다 중요한 건 팬들에게 재미있는 경기를 보여주는 것이다. 이를 위해 NBA는 작전타임 횟수를 줄이는 등의 룰 변경으로 더 빠르고 박진감 넘치는 경기 흐름을 만들었다.

그리고 쇼 비즈니스에서 가장 중요한 건 역시 슈퍼스타의 존재다. NBA는 선수들이 단지 농구만 잘하는 것을 원하지 않는다. 진짜 스타가 되기를 바란다. NBA가 선수들의 SNS 활동을 적극적으로 권장하는 것도 그 때문이다. 애덤 실버 총재에 따르면, NBA가 선수들의 인스타그램 팔로워 수를 매일 체크하면서 분석할 정도다.

또 NBA는 선수들의 다양한 부캐 활동도 독려한다. 그 덕에 케빈

래퍼 '데임 달라(DAME D.O.L.L.A)'로 활약 중인 데이미언 릴러드.(출처: Front Page Music)

듀랜트나 데이미언 릴러드처럼 많은 선수가 힙합 앨범을 내기도 했다. 르브론 제임스는 영화 〈스페이스 잼〉을 찍었다.

스테판 커리의 부업 활동은 좀 더 지적(?)인데, 자신이 감명 깊게 읽은 책을 소개하는 북클럽을 운영한다. 버락 오바마, 빌 게이츠, 앤서니 파우치(미국 국립알레르기·전염병연구소 소장) 등을 만나는 인터뷰 콘텐츠도 제작했다.

선수들이 단체로 쇼 프로그램에 출연하기도 한다. 미국의 유명 토크쇼 〈지미 키멜 라이브!〉의 인기 코너 'Mean Tweets'에서 트위터에 올라온 자신의 외모나 플레이에 대한 악랄한 지적을 읽는 식이다.

버락 오바마, 빌 게이츠 등 사회 명사들을 인터뷰한 지적인 농구선수 스테판 커리.(출처: 유튜브 '스테판 커리')

"디안드레 조던이 자유튜를 못 쏘는 이유는 그의 눈이 너무 몰려 있기 때문이다."(출처: 〈지미 키멜 라이브!〉)

"제임스 하든은 언제나 이스라엘 백성을 이끌고 홍해를 건너는 모세처럼 보인다."(출처: 〈지미 키멜 라이브!〉)

　이렇듯 NBA 선수들은 자신들이 쇼 비즈니스 업종에 종사하고 있다는 사실을 잘 알고 있기에 농구 실력을 향상시키는 데만 전념하지 않는다. 쇼를 관람할 팬을 늘리는 활동에도 열심을 낸다.

스낵과 식사

4.8만 개.

NBA 인스타그램 계정에 올라온 피드 숫자다.

인스타그램에서 NBA보다 많은 게시물을 올린 계정은 찾아보기 힘들다. NFL·MLB 같은 스포츠 리그는 물론 CNN·폭스뉴스 같은 언론사도, 〈콤플렉스〉·〈하입비스트〉 같은 웹진도 NBA 인스타그램 피드의 양을 따라잡지 못한다.

NBA가 올린 피드 중 상당수는 그날 열린 경기의 하이라이트나 멋진 장면을 편집한 1~2분짜리 영상들이다. 그중에는 NBA가 자체적

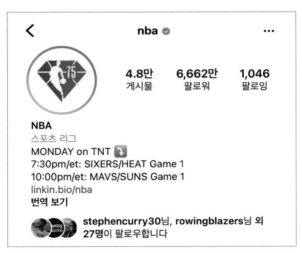

4.8만 개. 인스타그램에서 피드가 가장 많은 계정은 NBA가 아닐까? 하루 평균 15~20개, 어떤 날은 47개의 게시물이 올라오기도 했다.(출처: NBA 인스타그램)

으로 기획한 영상도 있는데, 대표적인 것이 선수들 유니폼에 마이크를 장착한 'Mic'd up' 시리즈다. 선수들이 경기 중 상대편 선수에게 내뱉는 육두문자, 심판에게 항의할 때 나누는 대화, 플레이할 때의 거친 숨소리 등 경기장 안에서 선수들 간에 벌어지는 리얼한 모습을 엿볼 수 있는 영상이다. 또 NBA 선수들이 바보 같은 실수를 하는 장면만 모아놓은 'Bloopers' 영상도 인기가 높다.

이렇듯 NBA는 농구에 별로 관심이 없는 사람도 가볍게 볼 수 있을 만한 숏폼 콘텐츠를 매일 대량으로 생산해서 SNS에 올린다. '양질'의 콘텐츠를 '많이' 만들기 위해서 NBA 사무국 내에는 SNS만 전담하는 팀이 있을 정도다.

NBA가 SNS에 이토록 공을 들이는 이유는 무엇일까? 역설적으로 사람들이 TV 중계를 더 보게 하기 위해서다. NBA가 가장 많은 수익을 내는 비즈니스는 TV 중계권 사업인데, 문제는 NBA의 TV 시청률이 점점 하락하는 추세라는 것이다. Z세대가 TV 대신 스마트폰만 들여다보기 때문이다. 이에 NBA는 미래의 소비자 Z세대를 끌어당기기 위해 이들이 몰려 있는 SNS를 공략하고 있다. 이른바 '스낵과 식사' 전략이다.

SNS에서는 짧고 임팩트 있는 영상을 만들어서 무료로 푼다. 이건 '스낵'이다. 그리고 그 스낵을 맛있게 먹은 사람이 NBA 홈페이지에서 중계권을 결제하거나 ESPN으로 생중계를 시청하도록 유도한다. 이건 '식사'다.

NBA의 '스낵과 식사' 전략은 완벽하게 통했다. 현재 NBA의 SNS 채널 전체 팔로워 수는 1억 명이 넘는다. 2022년 NBA 경기의 TV 시청률은 전년 대비 19% 증가하며 2017년 이후 가장 높은 시청률을 기록했다.

높은 시청률 덕에 NBA의 주 수익원인 중계권료도 폭등할 예정이다. 2016년에 ESPN, TNT와 맺었던 9년간의 중계권 계약은 2024~2025 시즌을 끝으로 만료되는데, 다음 중계권 계약 금액은 이전의 240억 달러(2016년 당시 기준 25조 6,000억 원)에서 750억 달러(약 89조 1,750억 원) 수준으로 뛰어오를 것이라는 전망이 나오고 있다. NBA는 돈을 쓸어 담을 일만 남았다.

사실 인기가 바닥을 치던 상황에서 NBA가 한 일은 그리 거창한 것이 아니었다. 업의 본질을 쇼 비즈니스로 규정하고 '스낵과 식사' 전략을 펼쳤을 뿐이다. 따분한 NBA에 즐거움을 심은 결과 화려하게 부활할 수 있었다.

고객이 당신의 브랜드에 아무런 흥미를 보이지 않는가? NBA처럼 고객을 즐겁게 해줄 방법을 궁리해보시길. 당신이 생각하는 것만큼 그리 어려운 일은 아닐 것이다. 대신 그 열매는 엄청나게 달다.

〈하버드 비즈니스 리뷰〉와 〈롤링 스톤〉을 섞은 잡지?

1995년, 〈하버드 비즈니스 리뷰〉의 에디터 출신이었던 앨런 웨버와

〈하버드 비즈니스 리뷰〉와 〈롤링 스톤〉을 섞었다. 〈패스트 컴퍼니〉라는 희대의 비즈니스 잡지가 탄생했다.(출처: 〈하버드 비즈니스 리뷰〉, 〈롤링 스톤〉, 〈패스트 컴퍼니〉)

빌 테일러는 완전히 새로운 비즈니스 잡지를 만들고 싶었다. 업계의 관습을 깨며 빠르게 성장하는 회사를 소개하는 잡지, 기존 잡지의 꼰대 같은 문법과 디자인을 탈피한 비즈니스 잡지였다.

두 남자는 〈하버드 비즈니스 리뷰〉의 무게감과 〈롤링 스톤〉의 섹시함을 섞었다. 〈패스트 컴퍼니〉라는 희대의 비즈니스 잡지가 탄생했다.

〈패스트 컴퍼니〉는 문자 그대로 빠르게 성장하는 회사를 기술, 비즈니스, 디자인 관점에서 다루는 잡지다. 그동안 감각적인 디자인 잡지는 많았다. 깊이 있는 내용의 비즈니스 잡지는 더 많았다. 그러나 기술과 비즈니스, 디자인이라는 주제를 세련된 터치로 다룬 잡지는 전무했다. 〈패스트 컴퍼니〉는 〈포춘〉, 〈이코노미스트〉의 진지함을 잃지 않으면서 따분하지 않은 첫 번째 비즈니스 잡지였다. 〈패스트 컴퍼니〉는 리즈 위더스푼, 곤도 마리에, 제시카 알바, 퍼렐 윌리엄스, 카니예 웨스트 같은 〈롤링 스톤〉에 나올 법한 '핫한' 사업가를 단독 인터뷰

하는 잡지였다.

〈패스트 컴퍼니〉는 창조적인 경영자가 되고 싶어 하는 이들의 관심사를 파악해 특집 기사로 내놓았다.

- **가장 혁신적인 회사**
- **가장 창의적인 인물**
- **세상을 바꾸는 아이디어**
- **디자인에 기반한 혁신**

무엇보다 〈패스트 컴퍼니〉는 잡지의 표지, 일러스트, 웹페이지에 이르기까지 이전의 비즈니스 잡지스럽지 않은 세련미를 내뿜었다.

〈패스트 컴퍼니〉는 출현하자마자 시장에 반향을 일으켰다. 2000년대 후반까지 매호 80만 부가 팔렸을 정도다. 사업에 관심이 많지만 지루한 비즈니스 잡지에 겁을 먹던(?) 미국의 젊은 세대가 특히 이 잡지에 열광했다. 〈패스트 컴퍼니〉가 따분한 비즈니스 정보를 이들의 구미에 맞게 맛있게 요리해서 내놓아서다.

현재 〈패스트 컴퍼니〉는 시대에 발맞추어 온라인 판으로 더 많은 구독자를 만나고 있다. 11만 구독자가 넘는 유튜브 채널도 운영 중이다. 여전히 〈하버드 비즈니스 리뷰〉의 무게감과 〈롤링 스톤〉의 섹시함 모두를 잃지 않은 모습이다.

2021년 〈패스트 컴퍼니〉가 '가장 창의적인 인물'로 선정한 르브론 제임스. 르브론은 세계 최고의 농구선수일 뿐만 아니라 혁신적인 미디어 기업 스프링 힐의 오너다.(출처: 〈패스트 컴퍼니〉)

〈패스트 컴퍼니〉가 가장 생산적인 사람으로 소개한 뮤지션 퍼렐 윌리엄스. 퍼렐을 비즈니스 잡지 표지에서 만난 적이 있었던가.(출처: 〈패스트 컴퍼니〉)

〈패스트 컴퍼니〉 온라인 판. 브랜드보이도 매달 1달러 99센트의 구독료를 내고 〈패스트 컴퍼니〉를 읽는 호사를 누린다.(출처: 패스트 컴퍼니 웹사이트)

OLD와
NEW를
섞어라

망해가는 브랜드를 살리는 법

티파니가 '엄마'를 버린 이유

"우리는 낡은 것이냐 새것이냐를 선택해야 한다는 말을 듣곤 합니다. 사실 둘 다 선택해야 합니다. 낡은 것과 새것의 끊임없는 타협이 아니라면 도대체 인생이 무엇이겠습니까?"

– 수전 손택, 《타인의 고통》

2021년 8월, 미국 전통의 주얼리 브랜드 티파니앤코가 새로운 옥외광고를 공개했다. 티파니스럽지 않은 광고였다. 아니, 의도적으로 티파니를 지운 광고였다.

드레스가 아니라 청바지와 티셔츠를 입은 젊은 모델이 등장했다. 모델은 티파니의 주력 상품인 프러포즈 반지가 아닌 트렌디한 주얼리를 착용했다. 무엇보다 티파니를 상징하는 '티파니 블루' 컬러가 보이지 않았다.

티파니앤코의 변신을 알리는 새로운 광고. 180년간 쌓아온 티파니다움을 지웠다.(출처: 티파니앤코 광고)

티파니앤코를 상징하는 티파니 블루 컬러. 이 색을 보는 것만으로도 여성들의 심장박동수가 22%나 증가한다는 조사 결과도 있다.(출처: 티파니앤코)

광고 카피는 딱 한 줄이었다.

'Not Your Mother's Tiffany(이제 엄마의 티파니앤코가 아닙니다).'

자동차회사 올즈모빌의 유명 슬로건 'This is Not Your Father's Oldsmobile'을 변형한 슬로건이었다. 180년 전통의 주얼리 브랜드 티파니의 세대교체 선언이었다. 티파니식 노이즈 마케팅이었다. 티파니의 주 고객인 '엄마'들에게는 섭섭한 메시지였다(광고가 공개된 후 마음이 상한 '엄마'들의 항의가 빗발쳤다). 엄마는 오드리 헵번이 출연한 영화 〈티파니에서 아침을〉을 추억하는 세대였다. 또 엄마는 그동안 티파니에게 큰돈을 벌어다 준 단골손님이었다. 그러나 티파니 입장에서 엄마는 흘러간 고객이었다.

티파니앤코는 영화 〈티파니에서 아침을〉의 제작을 지원했다. 할리우드 역사상 최초의 PPL이었다.(출처: 〈티파니에서 아침을〉)

티파니의 관심은 온통 신흥 명품 소비층으로 부상한 밀레니얼 세대에 쏠려 있었다. 이들은 티파니도, 오드리 헵번도 알지 못하는 세대다. 앞선 세대보다 결혼을 늦게 하며, 아예 결혼을 하지 않는 경우도 많다. 그 말은 곧 티파니의 웨딩 반지 매출이 계속해서 떨어진다는 의미다. 실제로 티파니의 매출은 2017년 이후 꾸준히 하락했다. 티파니는 애가 탔다. 변화의 필요성을 절감했다. 결국 예수를 세 번이나 부인한 베드로처럼 지금의 자신을 있게 해준 엄마들을 부인했다.

"이제 엄마의 티파니가 아닙니다."

본질과 껍질

'본질은 지키되, 껍질은 바꿔나가기.'

마케팅 명저 《나음보다 다름》에 나오는, 오래된 브랜드가 생명력을 유지하는 법칙이다. 옛것만 굳어진 브랜드는 역사의 뒤안길로 사라진다. 브룩스 브라더스, 포에버21, 시어스, 토머스 쿡…. 반면 시대에 발맞추어 껍질을 바꿔나가는 브랜드는 살아남는다.

187살 브랜드 티파니앤코가 '엄마' 캠페인을 진행한 것도 껍질을 바꾸기 위함이었다(2021년 1월, 명품 제국 LVMH가 17조 원을 지불하고 티파니앤코를 인수한 것도 영향을 줬다. LVMH로서는 빨리 실적을 반등시켜 투자금을 회수하는 일이 시급했다). 티파니는 클래식한 것도 아이코닉한 것도 다 좋지만 젊은 세대의 관심을 끌 수 없다면 아무 소용이 없다고 판단했

'엄마' 캠페인의 실패는 티파니에 큰 교훈을 줬다. 이제는 티파니의 색을 잃지 않는 선에서 껍질만 바꾼다. 스트리트 브랜드 슈프림과 콜라보를 하는 식이다.(출처: 티파니앤코)

다. 과거의 티파니를 지우고, 완전히 새로워진 티파니를 보여주고자 했다.

그러나 결과적으로 과한 욕심이었다. '엄마' 캠페인은 엄마와 딸 누구의 마음도 얻지 못한 채 조용히 종료됐다. 마치 새로운 브랜드를 런칭하듯 180년 이상 축적된 티파니다움을 깡그리 지워 어느 세대에게도 공감을 받지 못한 것이 패착이었다. 혹자는 이 캠페인을 두고 미국의 속담을 인용했다.

'목욕물을 버리려다 아이까지 버리고 말았다.'

맥도날드, 코카콜라, 아이보리 같은 클래식 브랜드는 티파니와 거구로 한다. 껍질을 바꾸는 빈도와 속도를 조절한다. 고객이 눈치채지 못할 정도로 로고와 포장지를 살짝만 바꾸는 식으로 브랜드의 신선도를 유지한다.

물론 단기간에 화끈하게(!) 껍질을 교체해야 하는 경우도 있다. 주로 위기에 봉착한 명품 패션 브랜드가 외부에서 젊은 디자이너를 영입해 이 작업을 한다.

1990년대, 침몰하던 구찌호는 서른네 살의 청년 톰 포드를 크리에이티브 디렉터로 임명했다. 톰 포드는 일흔세 살 먹은 할머니 브랜드 구찌에 관능적인 포르노시크porno-chic를 주입했다. 비슷한 시기 루이비통은 마크 제이콥스의 지휘하에 고루한 모노그램 백을 아티스트들의 캔버스로 만들었다. 피비 파일로는 침체기를 겪던 셀린느에서 군더더기 없는 미니멀리즘을 선보여 10년 간의 부흥기를 이끌었다.

톰 포드, 마크 제이콥스, 피비 파일로 같은 성공한 구원투수들에게는 공통점이 있었다. 무턱대고 새로움을 창조하지 않았다는 것이다.

이들은 브랜드가 오랜 세월 축적한 아카이브부터 찬찬히 들여다봤다. 역사, 로고, 상징물처럼 꼭 지켜야 할 본질은 지켰다. 변화된 대중의 취향에 따라 껍질은 갈아엎었다. 그렇게 과거와 현재를 섞어 역사에 남을 만한 부활을 이뤄냈다.

가야금 연주자 고 황병기 선생은 "옛것만 굳어졌다면 그것은 전통이라기보다 골동품이다"라고 했다(황병기 선생도 옛것과 새것을 섞는 데 열심이었던 인물이다. 바이올린 활로 가야금을 켜고, 장구를 손가락으로 두드리는

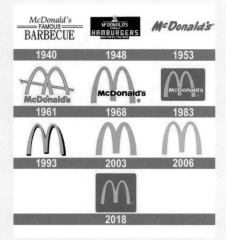

맥도날드의 로고 변천사. 고객이 놀라지 않도록 서서히 변화를 시도했다. 바꾸지 않은 듯 바꾸는 것이 특징이다.(출처: 1000 Logos)

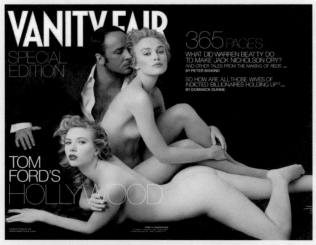

청년 디자이너 톰 포드는 할머니 브랜드 구찌에 포르노그라피를 심었다.(출처: 베니티페어)

식의 실험을 멈추지 않았다).

한 브랜드의 장구한 역사는 그 자체로 강력한 무기다. 대중과 오랫동안 교감해온 브랜드는 어떤 시도를 하더라도 쉽게 주목받을 수 있다. 긴 시간 축적된 아카이브도 탄탄하다. 그러나 유행은 늘 변화하기 마련이고, 변덕스러운 소비자는 늘 새로운 모습을 갈구한다. 나이 든 브랜드일수록 전통을 바탕으로 혁신해야 한다는 숙제가 늘 따라다닌다. 답은 과거와 현재를 섞는 것이다.

그럼 역사가 짧은 브랜드는 어떻게 섞어야 할까? 프랑스의 시인 폴 발레리의 말에 답이 있다.

"새로운 것이 사랑받으려면 인간의 가장 오랜 욕구에 부응해야 한다."

답은 과거에서 훔치는 것이다. 오랜 세월을 버티고 살아남아 대중의 머릿속에 깊이 자리한 클래식을 취해 인간의 오랜 욕구에 부응하는 것이다. 이 장에서는 옛것과 새것을 균형 있게 섞어 성공한 사례를 소개한다. 본질을 지키며 시대에 적합한 껍질을 입은 브랜드다.

섹시함이 독이 된 속옷 브랜드

'속옷은 패션이다.'

1990년대 빅토리아 시크릿이 내건 구호는 혁명적이었다. 그때까지 속옷은 '감추는 옷'이었다. 빅토리아 시크릿은 여성이 속옷으로 성적 매력을 발산할 수 있어야 한다고 주장했다. 속옷을 당당하게 드러내는 옷으로 만들고자 했다.

1995년에 시작된 빅토리아 시크릿 패션쇼는 그 정점이었다. 미란다 커, 지젤 번천, 하이디 클룸 같은 톱 모델이 '엔젤'로 등장했다. 평균 키 177.8센티미터, 몸무게 50.8킬로그램, 허리둘레 24인치의 엔젤이 떼를 지어 런웨이를 횡보했다. 마룬 파이브, 리한나 같은 초호화 게스트들이 엔젤들 사이에서 노래를 불렀다.

빅토리아 시크릿 패션쇼는 CBS 채널을 통해 미국과 유럽 전역에 TV로 생중계됐다. 매년 1,000만 명이 시청하는 '패션 업계의 슈퍼볼'로 자리 잡았다. 이 쇼에 매혹된 남성들은 연인이나 아내에게 줄 섹시한 속옷을 구입하려고 빅토리아 시크릿 매장을 찾았다. 빅토리아 시크릿은 2000년대 미국 속옷 시장 점유율 1위 브랜드로 올라섰다. 수많은 미디어에서 이 브랜드의 성공신화를 조명했다.

딱 거기까지였다. 2010년대에 들어서자 언더웨어 시장의 기조가 바뀌었다. 내 몸을 있는 그대로 사랑하자는 '보디 포지티브' 트렌드가 부상했다. 에어리, 어도어미처럼 편안함에 중점을 둔 브랜드들이 인기를 얻었다. 이 두 브랜드 모두 빅토리아 시크릿스러운 쭉쭉빵빵 모델이 아닌 평범한 체형의 일반인 모델을 내세웠다. '나는 엔젤이 아니다'라는 캠페인으로 빅토리아 시크릿을 대놓고 공격하는 브랜드도 등장했다.

한때 전 세계 남성들의 마음을 뒤흔들었던 빅토리아 시크릿 패션쇼. 여성이 아닌 남성의 눈을 위한 언더웨어 쇼였다.(출처: 빅토리아 시크릿)

미국의 유명 의류 브랜드 아메리칸 이글에서 빅토리아 시크릿을 겨냥해 내놓은 언더웨어 브랜드 '에어리'. 빅토리아 시크릿의 '엔젤'과는 구분되는 일반인 모델을 내세웠다.(출처: 에어리 광고)

그때부터 빅토리아 시크릿의 강점인 '섹시함'이 독으로 작용하기 시작했다. 브랜드의 입지가 점점 줄어들었다. 2011년을 정점으로 빅토리아 시크릿 패션쇼의 시청률은 내리막길을 걸었다. 빅토리아 시크릿의 미국 시장 점유율은 32%(2015)에서 20%(2020)까지 추락했다. 한때 100달러에 가까웠던 모회사 L 브랜드의 주가는 2020년 20달러대까지 떨어졌다. 심지어 L 브랜드가 계륵이 된 빅토리아 시크릿의 매각을 추진했다가 막판에 무산되는 일도 있었다.

지구에서 가장 핫했던 기업이 처참하게 추락하기까지 채 10년이 걸리지 않았다. 빅토리아 시크릿은 완전히 끝났다는 말이 여기저기서 나왔다

섹시함의 재해석

2019년경에 이르러서야 빅토리아 시크릿은 변화를 모색했다. 핵심은 '섹시함의 재해석'이었다. 남성이 아닌 여성을 위한 섹시함으로, 비현실적인 몸매의 여성이 아닌 다양한 몸매의 여성을 위한 섹시함으로. 빅토리아 시크릿을 살리기 위한 대수술이 시작됐다.

인종차별 및 성 상품화라는 비난을 받아온 빅토리아 시크릿 패션쇼를 폐지했다. '엔젤'을 대체할 새로운 얼굴로 여성의 인권 신장에 기여한 일곱 명의 '앰배서더'를 선발했다. 플러스 사이즈 모델, 사진작가 겸기자, 수단 난민 출신 모델, 동성애자인 미국 여자축구 대표팀 선수….

뽕브라 일색이던 기존 속옷 제품 라인에 임산부 속옷과 수영복을 추가하는 등 평범한 체형의 여성을 위한 제품군을 늘렸다. 전 매장에 플러스 사이즈 마네킹을 추가했다.

2021년 5월에는 이 브랜드가 그때까지 한 번도 관심을 두지 않았던 '엄마'에게도 스포트라이트를 비췄다. 빅토리아 시크릿이 처음으로 진행한 어머니의 날 캠페인을 통해서였다. 임신 9개월 차의 모델 그레이스 엘리자베스, 건장한 아들과 등장한 노배우 헬레나 크리스텐슨 등 엄마이자 슈퍼스타인 이들이 빅토리아 시크릿을 입고 카메라 앞에 섰다. 온라인에서 화보가 공개되자 '이게 빅토리아 시크릿 맞아?'라는 탄성이 곳곳에서 터져 나왔다.

이처럼 빅토리아 시크릿은 브랜드의 본질인 '섹시함'을 버리지 않았다. 단지 재해석했을 뿐이다.

빅토리아 시크릿이 선보인 새로운 섹시함에 여성들이 다시 마음을 열기 시작했다. 빅토리아 시크릿의 2021년 1분기 매출은 전년 대비 2배가 늘며 사상 최대 실적을 기록했다. 주가는 1년 동안 3배 넘게 상승했다. 그렇게 빅토리아 시크릿은 섹시함이라는 브랜드의 '본질'을 지키면서 시대의 흐름에 발맞추어 '껍질'을 바꿨다. 쭉쭉빵빵의 엔젤 없이도 화려하게 부활했다.

INTRODUCING THE VS COLLECTIVE

빅토리아 시크릿의 변신을 상징하는 빅토리아 시크릿 앰배서더.(출처: 빅토리아 시크릿 홈페이지)

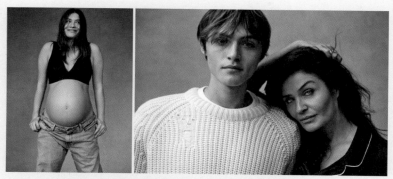

빅토리아 시크릿을 입고 등장한 만삭의 패션모델 그레이스 엘리자베스(좌), 건장한 아들과 등장한 배우
헬레나 크리스텐슨(우).(출처: 빅토리아 시크릿)

Body By Victoria

빅토리아 시크릿은 결코 섹시함을 버린 적이 없다. '여성을 위한 섹시함'으로 재해석했을 뿐이다.(출처: 빅
토리아 시크릿)

빈티지의 제왕이 된 알래스카 유학생

"RM이 제 비즈빔 바지를 구입한 것 같아요."

2019년 11월, 중고나라에서 BTS의 리더인 RM과 바지를 거래했다
는 한 남성의 후기가 올라왔다(RM은 이 바지를 입고 뮤직뱅크 녹화 현장에
도 출근했다).

화제가 된 건 두 가지였다. 첫째, RM 같은 월드스타도 중고거래를
하는구나. 둘째, RM은 역시 비즈빔 마니아구나.

RM은 일본의 의류 브랜드 비즈빔의 마니아로 유명한데, 그가 중고
나라까지 뒤져가며 비즈빔 바지를 구입하는 팬심을 발휘했기 때문이다.

RM이 뮤직뱅크 녹화 현장에 입고 등장한 비즈빔 바지. 중고나라에서 구입한 것이었다.(출처: 디스패치)

비즈빔 마니아로 유명한 뮤지션 존 메이어.(출처: 〈GQ〉)

　사실 비즈빔을 애정하는 월드스타는 RM뿐만이 아니다. 유명 래퍼 카니예 웨스트는 비즈빔의 시그니처 슈즈 FBT를 깔별로 신고 다닌다. 기타의 신 에릭 클랩튼은 오직 비즈빔 청바지만 입는다. 뮤지션

존 메이어의 비즈빔 사랑도 유명하다. 그가 머리부터 발끝까지 비즈
빔으로 치장한 사진은 셀 수 없을 정도다. 메이어가 워낙 비즈빔을 좋
아하다 보니 '근거 있는' 루머가 돌아다닐 정도다.

"메이어가 비즈빔 사장보다 더 많은 비즈빔을 갖고 있대."
"비즈빔 사장이 메이어에게는 구하기 힘든 옷을 따로 제공해준대."

비즈빔은 나카무라 히로키라는 일본인이 2000년에 시작한 브랜드
다. 나카무라는 어렸을 적부터 빈티지에 미친 사내였다. 10대 시절 알
래스카에서 유학하며 빈티지에 눈을 떴다.

그가 생각하기에 혹독한 추위를 견디기 위해 만들어진 알래스카인
들의 복식은 빈티지 중의 빈티지였다. 그 안에 유일성과 기능성이 균
형 있게 공존하고 있었다. 나카무라는 세계 곳곳에서 알래스카 빈티
지 같은 옷을 발굴해 시대에 맞게끔 다듬어서 내놓고 싶었다. '미래의
빈티지Future Vintage'를 표방한 브랜드 비즈빔이 그렇게 시작됐다.

나카무라는 인류학자처럼 세계 곳곳의 전통문화를 채집했다. 골동
품 같은 옷을 발굴해 그 위에 현대성을 얹었다.

핀란드 원주민의 신발을 변형한 슈즈, 에도 시대의 기모노에서 영
감을 받은 코트, 아미시의 패치워크를 담은 재킷, 멕시코 나바호의 텍
스타일을 담은 카디건, 프랑스식 자수로 짠 스웨터….

익숙하면서도 새로운 제품이었다. 무엇보다 기존의 패션 브랜드들

빈티지의 제왕 나카무라 히로키.(출처: 유튜브 'Type 7')

나카무라 히로키의 집은 빈티지 천국이다. 일본식 다다미방에 세계 곳곳에서 가져온 러그와 가구, 오디오가 가득하다.(출처: 〈뉴욕타임스〉)

나카무라 히로키는 핀란드 원주민들이 신던 신발을 변형해 FBT를 만들었다. 비즈빔의 베스트셀러 제품으로 오랜 세월 사랑받고 있다.(출처: 비즈빔)

에는 없는 오리지널리티가 있었다. 눈 밝은 이들부터 비즈빔이 선보이는 '퓨처 빈티지'의 가치를 알아보기 시작했다. 도쿄에 있는 비즈빔 매장은 전 세계 빈티지 마니아들이 방문하는 성지로 자리 잡았다.

비즈빔은 날로 먹는 브랜드?

"전통문화를 가져다가 옷을 만드는 건 완전히 날로 먹는 거 아니야?"
"빈티지를 변형하는 개념은 완전히 새로운 아이디어도 아니잖아?"
"가격은 또 왜 이렇게 비싸?"

혹자는 비즈빔을 두고 이렇게 이야기할 수 있다. 비즈빔이 옷 하나를 만드는 데 어느 정도로 정성을 쏟는지 알기 전까지는 말이다. 일본의 기모노를 모티브로 한 비즈빔 코트가 좋은 예다.

비즈빔 코트는 방한을 위해 구스다운 대신 마와타真綿라는 일본의 전통 충전재를 사용했다. 마와타는 실크를 손으로 일일이 넓히고 뭉쳐낸 솜인데, 비즈빔은 마와타 제조 기술을 지닌 일본인 장인까지 어렵게 수소문해서 코트를 완성했다.

그럼 비즈빔은 왜 구스다운 같은 현대식 충전재를 쓰지 않고 이렇게까지 고생을 자처한 것일까?

"수백 년간 겨울용 기모노를 만드는 데 사용된 전통적인 방식인 만큼 기모노에 어울리는 가장 아름다운 실루엣과 조형미를 만들고 싶었

마와타 소재로 만든 비즈빔 코트. 제작 과정을
알고 나면 비싼 가격이 수긍이 간다.(출처: 비즈빔)

비즈빔 재킷을 진귀한 진흙(?)에 담가 염색하는 현장.(출처:
SSENSE)

습니다."

비즈빔은 늘 이런 식이다. 빈티지의 겉모양만 흉내 내지 않는다. 장
인정신을 발휘해 옷에 담긴 의도와 정신까지 구현한다. 화산재가 함
유된 진흙에서 몇 달 동안 염색을 해서 재킷을 만든다. 거친 질감의
데님을 만들기 위해서 데님 천을 직접 방직한다. 그 위에 인디고 염료
를 손으로 문질러서 색을 입힌다(그래서 비즈빔 청바지 중에 똑같은 컬러의
청바지는 하나도 없다). 이건 18세기 산업혁명 시대 이전에나 봤음 직한
제조 방식이다. SPA 브랜드는 물론이고, 명품 브랜드까지도 공장에서
옷을 대량으로 찍어내는 판에 비즈빔은 홀로 시대를 역행하고 있는
것이다.

물론 비즈빔이 모든 옷을 이런 식으로 만드는 건 아니다. 고객의 눈
높이에 맞춰 빈티지의 수위(?)를 조절할 때도 있다. 인디언이나 아미

비즈빔은 부담스럽지 않을 정도로 빈티지의 수위를 조절한다.(출처: 비즈빔)

시의 옷을 그대로 입기는 부담스러울 수 있으니 셔츠의 팔꿈치에 전통 원단을 덧대는 식이다.

또 비즈빔은 최신 기술에 대해서도 열린 자세를 취한다. 가령 핀란드 원주민들이 신던 신발 FBT를 개발할 때는 신발 밑창에 비브람사의 튼튼한 아웃솔을 장착했다. 비즈빔의 파카는 고어텍스 소재로 만들어 보온성을 극대화했다.

- **수백 년의 세월을 담은 전통 복식의 겉과 속을 꼼꼼하게 복각하기**
- **고객의 눈높이에 맞춰 유연함을 발휘하기**

이것이 비즈빔이 오래된 것과 새것을 균형 있게 섞는 특급 노하우이자 전 세계에서 퓨처 빈티지 마니아를 양산하는 비결이다.

40대 아재들을 위한 스트리트 패션 브랜드?

미국의 스트리트 패션 브랜드 '노아'는 40대 아재들을 위해 클래식을 섞었다. 노아를 설립한 브렌던 바벤지엔은 세계 최고의 스트리트 브랜드 슈프림에서 15년 동안이나 디자인을 총괄한 남자다. 어느 날 바벤지엔은 스트리트웨어 시장에서 새로운 니즈를 발견했다.

2000년대 슈프림을 즐겨 입던 소년들이 자라서 중년의 어른이 됐는데, 이들이 딱히 입을 만한 옷이 없었던 것이다. 슈프림은 물론 다른 스트리트 브랜드들까지도 죄다 10대와 20대만을 위한 옷을 만들고 있었다.

사실 바벤지엔에게도 이건 남의 일이 아니었다. 그 자신도 어느덧 40대 중반을 넘긴 '아빠'였다. 예전처럼 슈프림의 옷을 걸치기에는 여

스트리트 브랜드 노아를 설립한 40대 아재 브렌던 바벤지엔.(출처: 〈뉴욕타임스〉)

러모로 부담스러웠다. 그부터가 트렌드에 뒤처지지 않으면서도 나이에 걸맞은 옷을 입고 싶었다. '어덜트 스트리트웨어'를 표방한 노아가 그렇게 탄생했다.

저항정신으로 가득한 슈프림과 랄프로렌식 클래식을 섞은 브랜드였다. 날티 나는 '추리닝'과 점잖은 수트를 함께 만드는 희한한 스트리트웨어 브랜드였다.

바벤지엔은 노아의 매장도 스트리트 브랜드답지 않게 고풍스럽게 꾸몄다. 얼핏 보면 랄프로렌의 매장이 아닌가 하는 착각이 들 정도다.

노아는 환경, 정치, 문화 등 사회적 이슈에 '어른답게' 목소리를 내는 것으로도 유명하다. 룩북에 멸종 위기에 처한 상어 보호 캠페인을 담는 식이다. 이 때문에 '스트리트웨어 업계의 파타고니아'라는 별명을 얻기도 했다(브랜드의 이름을 '노아'라고 지은 것도 온갖 조롱을 견디며 120년 동안 방주를 만들었던 성경의 인물 노아Noah를 닮고 싶어서였다고).

노아의 품격 있는 스트리트웨어는 입을 옷이 없어 야속한 세월만 탓하던 힙중년은 물론 슈프림·팔라스에 익숙한 10대, 20대까지 사로잡았다. 현재 노아는 뉴욕, LA, 런던, 도쿄, 오사카에서 매장을 운영하며 매년 성장을 거듭하고 있다.

2021년 5월, 노아의 설립자 브렌던 바벤지엔이 제이크루의 크리에이티브 디렉터로 영입됐다는 소식이 전해졌다. 제이크루는 2000년대 중후반 '아메리칸 클래식'을 표방하면서 엄청난 인기를 모았던 브랜드

"40대 아재도 슈프림을 입을 수 있을까요?" 브랜드 바벤지엔의 답은 '노아'다.(출처: 노아 룩북)

랄프로렌 매장에 들어온 것 같은 착각을 불러일으키는 노아의 매장.(출처: 노아 웹사이트)

브렌던 바벤지엔이 제이크루를 개혁한다. 클래식한 제이크루에 새로움을 심는 중이다.(출처: 제이크루 웹사이트)

다. 이후 스트리트와 디지털 트렌드에 적절히 대처하지 못해 고전하다가 코로나 직격탄을 맞고 파산했는데, 브랜드의 부활을 이끌 인물로 바벤지엔을 낙점한 것이다.

노아로 스트리트웨어에 클래식을 심은 바벤지엔이 이제는 클래식 브랜드 제이크루에 새로움을 주입하는 중이다. 제이크루가 옛것과 새것을 조화롭게 섞을 줄 아는 적임자를 골랐다.

필수품과
사치품을
섞어라

150만 원짜리 아이스박스를 파는 법

손대는 것마다 명품으로 만드는
3% 접근법

팝아트의 제왕 앤디 워홀은 탁월한 세일즈맨이었다. '돈 버는 것이 최고의 예술'이라고 믿었던 워홀은 소재를 고르는 안목이 남달랐다.

그는 모두에게 친숙한 대중문화의 아이콘을 소재로 골랐다. 배트맨·슈퍼맨 같은 유명 만화 캐릭터, 마릴린 먼로·무하마드 알리·마오쩌둥 같은 유명인, 코카콜라 병·1달러 지폐처럼 만인이 사랑하는 물건, 그리고 캠벨 수프 캔.

워홀이 캠벨 수프 캔을 선택한 이유는 당시 이 수프가 대량생산 상품의 전형이었기 때문이다. 가격은 저렴했고, 1년에 100억 개 이상이 팔릴 정도로 인기가 있었다. 무엇보다 수십 년간 앤디 워홀의 점심 메뉴에서 빠진 적이 없는 음식이었다.

워홀은 토마토수프, 비프 누들, 셀러리 크림 등 서른두 가지 맛의 캠벨 수프 캔을 캔버스에 옮겼다. 구식 브러시를 사용해 윤곽선을 채워 넣고, 레이블 하단에는 백합꽃 문양의 플뢰르 드 리스도 그려 넣었

소재를 고르는 안목이 남달랐던 특급 세일즈맨 앤디 워홀.(출처: Wikimedia Commons)

29센트짜리 캠벨 수프 캔 32개를 그렸더니 170억 원짜리 작품이 됐다.(출처: MOMA)

다. 그리고 실크스크린 기법으로 작품을 인쇄했다. 공장에서 찍어내듯이 만들어 예술과 대량생산 제품의 경계를 모호하게 한 것이다.

〈32개의 캠벨 수프 캔〉 원작은 앤디 워홀이 세상을 떠난 후인 1996년 뉴욕 현대미술관에 1,500만 달러(약 170억 원)에 팔렸다. 29센트짜리 캠벨 수프 캔을 가져다가 170억 원짜리 사치품으로 만든 특급 세일즈맨의 테크닉이 또 한 번 전 세계를 놀라게 했다.

'21세기 앤디 워홀'로 불리던 버질 아블로 역시 평범한 물건을 가져다가 사치품으로 둔갑(?)시키는 데 탁월한 아티스트였다. 미다스의 손 버질 아블로가 만지면 무엇이든 럭셔리가 됐다.

랄프로렌의 서브 브랜드 '럭비'의 40달러짜리 셔츠는 버질 아블로가 'PYREX VISION'이라는 로고만 붙여 400달러에 내놓았는데도 날개 돋친 듯 팔렸다. 버질이 재해석한 나이키의 스니커즈, 에비앙 생수

평범한 제품을 사치품으로 만드는 데
천재적이었던 미다스의 손 버질 아블
로.(출처: Wikimedia Commons)

버질 아블로는 나이키의 전설적인 스니커즈 프레스토를 가져다가 '버
질 아블로다움'을 한 스푼 더했다. 버질은 늘 이런 식으로 메가 히트작
을 만들어냈다.(출처: 나이키)

병, 이케아의 가구는 사고 싶어도 살 수 없는 잇템이 됐다(버질 아블로
가 세상을 떠난 후 그가 남긴 작품의 가격은 또 한 번 폭등했다).

"누군가가 가지고 싶다고 갈망하는 것이 럭셔리다."

버질이 정의하는 럭셔리의 개념은 이렇게나 명확하고 노골적이었
다. 그는 기술이나 품질이 럭셔리의 본질이 아님을 진작에 간파했다.
버질이 사용한 마법의 레시피는 '3% 접근법'이었다. 원제품을 가져다
가 맥락과 배경을 살짝만 교체하면 완전히 새로운 물건처럼 보인다는
것이 그의 생각이었다. 버질은 이 레시피에 따라 모두에게 친숙한 아
이템을 딱 3%만 바꿔 훨씬 더 비싼 가격에 내놓았다. 그리고 사람들은
고작 3%만 달라졌을 뿐인 버질의 작품을 '100%' 럭셔리로 대우했다.

앤디 워홀과 버질 아블로가 증명한바 우리 주변에 널려 있는 필수
품도 딱 3%만 바꾸면 사치품이 되는 기적이 일어난다. 미국의 아이스

박스 브랜드 예티와 미국의 편의점 폭스트롯도 이 방식으로 럭셔리의 지위에 올랐다.

150만 원짜리 아이스박스 수집품

지금 미국에서 가장 핫한 수집품은 스니커즈도, LP도, 장난감도 아니다. 거대하고 튼튼한 아이스박스다. 미국 남부 출신의 아이스박스 회사 예티 때문이다.

예티는 '아이스박스계의 다이슨'이라고 불린다. 예티 아이스박스는 30~150만 원대로 매우 고가다. 월마트나 코스트코에서 파는 여타 아이스박스가 3~4만 원대이니 예티는 적어도 10배 이상 비싼 가격이다. 그런데도 예티 아이스박스는 불티나게 팔려나간다.

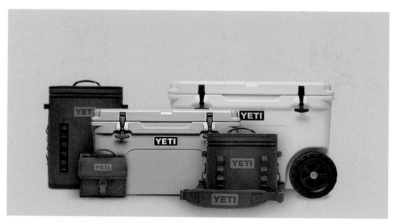

지금 미국에서 가장 핫한 수집품 예티 아이스박스.(출처: 예티)

2020년, 예티의 매출은 10억 달러를 돌파했다. 미국 내 예티의 아이스박스 시장 점유율은 20%에 달한다. 2018년도에 미국 주식 시장에 상장된 예티의 주가는 3년 새 6배가 올랐다.

예티가 등장하기 전까지 아이스박스 시장은 무색무취의 영역이었다. 모든 아이스박스가 하나같이 투박하고 촌스러웠다. 이 시장의 선택 기준은 실용성과 가격이었다. 사람들은 아이스박스가 필요할 때 월마트나 코스트코에 가서 '대충 아무거나' 샀다.

그런데 예티가 등장하면서 모든 것이 달라졌다. 예티는 아이스박스 시장에 처음으로 등장한 '브랜드다운 브랜드'였다. 예티는 기존의 아이스박스를 가져다가 딱 3% 정도를 개선했다. 그리고 이 아이스박스를 사치품처럼 판매하기 시작했다.

프로에게 판다

2006년, 미국 남부의 텍사스주 오스틴에서 성장한 시더스 형제가 예티를 설립했다. 형제는 어릴 적부터 낚시와 사냥에 푹 빠져 살았다. 그들은 평소 사용하던 아이스박스에 불만이 많았는데, 사냥한 고기를 담아두면 썩는 일이 많아서다. 맥주는 금방 미지근해졌다. 심지어 튼튼하지도 않아서 아이스박스를 매년 새로 구입해야 했다.

형제는 불만에서 기회를 포착했다. 자신들과 비슷한 불만을 가진 사람들이 또 있을 거라고 생각해 성능이 뛰어난 아이스박스를 만들어 보자고 의기투합한 것이다. 형제는 단열 성능이 우수한 폴리우레탄

아이스박스에 불만이 많았던 시더스 형제.(출처: 예티)

소재를 구해 카약을 제조하는 것과 동일한 방식으로 회전 성형했다. 박스에서 열기가 새 나가지 않게 빽빽한 고무로 감싸 10일 동안이나 보랭력이 유지될 수 있게 했다. 그 아이스박스에 350달러 가격표를 붙였다. 경쟁사 제품보다 10배 이상 비싼 가격이었다.

예티는 이 '쓸고퀄(쓸데없는 고퀄리티)' 아이스박스를 가지고 아웃도 어에 미친 소수의 마니아를 공략했다(어쩌다 한 번 캠핑을 하는 초보 캠퍼들은 애초에 고객군에서 제외했다). 전문 사냥꾼과 프로 어부들에게는 아이스박스를 공짜로 나눠줬다. 아웃도어 마니아들이 예티 아이스박스의 진가를 단박에 알아보리라고 생각해서였다.

예상은 적중했다. 유명 사냥꾼 짐 쇼키, 낚시계의 전설 플립 팔럿 등이 예티 아이스박스의 가치를 한눈에 알아봤다. 예티 제품을 침이 마르도록 칭찬하고 다녔다. 그때부터 아웃도어 커뮤니티에서 소문이돌기 시작했다.

"예티 아이스박스에 얼음을 넣으면 1주일이 지나도 녹지 않는대."
"불에 타도, 절벽에서 떨어뜨려도 아이스박스가 망가지지 않는대."
"곰이 가지고 놀아도 부서지지 않는대."

예티의 팬들이 하나둘 생겨났고, 예티 아이스박스는 프로페셔널의 필수품으로 빠르게 자리 잡았다.

명품처럼 판다

2013년까지 예티는 소수의 마니아를 위한 브랜드였다. 당시 미국의 아웃도어 인구 중 예티를 아는 사람은 4.4%에 불과했다. 지속적인 성장을 위해서는 예티의 고객군을 확대할 필요가 있었다.

예티는 먼저 아이스박스 외의 제품군을 추가했다. 가방, 모자, 티셔츠 같은 의류에서부터 반려견의 밥그릇까지 출시했다. 그중에서 음료의 온도를 유지해주는 텀블러가 크게 히트했다.

타깃층도 넓혔다. 사냥꾼과 어부뿐 아니라 스케이트보더, 산악자전거 라이더들에게도 아이스박스를 팔았다.

예티는 인기 스트리트웨어 브랜드 슈프림과 비슷한 전략을 펼쳤다. '예티 리미티드 에디션'을 정기적으로 발매했다. 슈프림이 다른 브랜드와의 콜라보 제품을 출시했다면, 예티는 특정 컬러를 주제로 한정

예티의 '킹크랩 오렌지' 에디션. 제품에 영감을 준 북태평양 어부들에 관한 영상도 함께 제작했다.(출처: 예티)

판 제품을 내놓았다. 단순히 예쁜 컬러가 아니라 특별한 사연이 있는 컬러를 발굴했다. 북태평양에서 킹크랩을 잡는 어부들에게 영감을 받은 '킹크랩 오렌지' 에디션, 미국의 와인 메이커들에게 영감을 받은 '레드' 에디션, 스코틀랜드의 모험가들에게 영감을 받은 '올리브' 에디션 등. 예티는 새로운 컬러 에디션을 출시할 때마다 영감을 준 사람들의 스토리를 영상으로 만들었다.

그때부터 예티 제품을 수집하는 사람들이 생겨났다. 온라인에서는 예티 컬렉션을 찍어서 올리는 것이 유행이 됐다. 심지어 예티를 사고 파는 중고 시장까지 등장하면서 점점 더 많은 사람이 예티를 명품 브랜드로 대접하기 시작했다.

유튜브에는 자신의 예티 컬렉션을 공개하는 이들이 많다. 예티 아이스박스를 '명품'으로 생각해서다.(출처: 유튜브 'Revenge of the Apocalypse')

로망을 판다

이제 예티는 브랜드의 초창기와는 다른 마케팅을 펼친다. 아이스 박스가 얼마나 튼튼한지, 얼음이 얼마나 오랫동안 녹지 않는지에 대해서는 더 이상 이야기하지 않는다. 대신 스토리를 발굴해서 들려준다. 야생에서 아웃도어 라이프를 영위하는 예티 앰배서더 130명의 이야기를 영상에 담은 〈예티 프레즌트Yeti Presents〉를 통해서다. 미국 사막에 거주하는 인디언 카우보이의 이야기, 파도가 좋은 전 세계 섬을 찾아다니는 서퍼 형제의 이야기, 오클라호마에서 괴물 메기를 잡는 사나이들의 우정 이야기….

〈예티 프레즌트〉는 미국 판 〈자연愛 산다〉라고 부를 만하다. 어른 몸만 한 괴물 메기를 잡은 터프가이도 등장한다.(출처: 예티)

〈예티 프레즌트〉 시리즈는 유튜브에서 편마다 수십만 조회수를 기록할 정도로 폭발적인 인기를 구가 중이다. 도시인들의 로망을 자극했기 때문이다. 도시에 사는 예티 사용자들은 영상을 보면서 자신의 정체성을 확인한다.

- 나는 도시에 살지만 아웃도어 라이프를 추구하는 사람
- 나는 예티의 진가를 알아볼 만큼 세련된 취향을 지닌 사람
- 나는 예티를 구입할 수 있는 경제적 여유도 갖춘 사람

이런 도시인들이 자신의 정체성을 드러내기 위해 300달러짜리 예티 아이스박스를 기꺼이 구입하는 것이다. 또 이들은 자신과 같은 정

체성을 지닌 다른 사람을 알아보기도 한다. 〈예티 프레즌트〉 영상을 만든 감독의 말이다.

"만약에 제가 공항에서 예티 모자를 쓰고 앉아 있다면 누군가는 나에게 와서 말을 걸 거예요."

고객이 제품으로 자신의 정체성을 확인하고, 같은 정체성을 지닌 다른 사람을 알아본다. 이것이 바로 '아이스박스'가 아니라 '세련된 로망'을 파는 브랜드가 누리는 특권이다.

10배 비싼 아이스박스를 파는 법

사실 예티 아이스박스의 가격이 적절한지에 대한 논란은 끊이지 않는다. 유튜브에는 이 주제를 다룬 영상이 무수히 존재한다. 예티 아이스박스를 분해해서 다른 아이스박스와 비교해보는 식이다. 결론은 대

예티 아이스박스와 다른 아이스박스를 분해해서 성능을 비교해보는 유튜버. 두 아이스박스 간에 큰 차이가 없다는 결론이 나왔다.(출처: 유튜브 'What's Inside?')

개 비슷하다.

'예티의 아이스박스가 다른 아이스박스보다 10배 더 좋지는 않다.'

그럼에도 사람들은 10배 더 비싼 돈을 주고 예티를 구매하는 '비이성적인' 결정을 한다. 예티가 평범한 아이스박스를 3%만 바꾼 후 비범하게 팔았기 때문이다.

예티는 프로들에게 팔았다. 명품처럼 팔았다. 아이스박스가 아닌 로망을 팔았다. 그렇게 예티는 부유한 도시인들이 10배의 가격을 흔쾌히 지불하는 '세련된 수집품'의 지위에 올랐다.

아마존 태풍을 뚫은 '고급 편의점'

'편의점의 미래.'

미국의 언론사들이 폭스트롯을 수식하는 말이다. 그동안 이 브랜드가 보여준 편의점의 '가능성' 때문이다.

폭스트롯은 2013년 미국 시카고에 혜성처럼 등장했다. 당시는 골리앗 아마존발 태풍으로 수많은 유통 기업이 초토화되던 시기였다. 시어스, JC페니, 니만

시카고에서 시작된 '편의점의 미래' 폭스트롯.(출처: 폭스트롯)

마커스, 토이저러스….

폭풍 속에서도 폭스트롯은 다윗처럼 살아남았다. 시카고와 댈러스, 워싱턴 DC에 매장을 늘려가며 단단하게 성장했다.

코로나 팬데믹이 닥친 이후의 성장세는 더 놀랍다. 2020년 매출은 전년 대비 2배 이상 증가했다. 2021년에는 4,200만 달러의 외부 투자를 유치했다. 이 투자금으로 2023년까지 50개의 매장을 더 오픈한다는 계획을 세웠다.

다른 오프라인 브랜드들이 죽을 쑤는 상황에서 폭스트롯 홀로 잘나가는 이유가 무엇일까. 폭스트롯이 기존 편의점의 3%를 바꿔 명품 편의점으로 만들었기 때문이다.

지역 특산품을 만나는 편의점

냉동식품, 담배, 맥주, 감자칩, 치약…. 미국 내 편의점에서 파는 물건도 한국과 별반 다르지 않다. 그런데 폭스트롯은 편의점의 물건에 대한 고정관념을 뒤집었다. 매장마다 폭스트롯 직원들이 엄선한 800여 개의 상품을 진열한다. 건강한 재료로 만든 간식과 아이스크림, 수제 맥주, 와인, 치즈 같은 아이템들이다.

와인과 간식을 묶은 선물 세트도 판매하고, 소믈리에 직원이 상주해 와인과 어울리는 음식도 추천해준다. 고품격 큐레이션으로 유명한 일본 쓰타야 서점의 편의점 버전이라고 할 만하다.

오직 폭스트롯에서만 구입할 수 있는 제품도 있다. 폭스트롯 시카

Prepared Foods		Fresh Cafe Eats		Wine Shop		Beer & Seltzer	
Spirits		Non-Alcoholic		Lifestyle & Gifts		Snacks	
Sweets		Ice Cream		Drinks		Coffee & Tea	
Frozen		Produce		Meat & Seafood		Pantry	
Dairy & Eggs		Bread & Pastries		Cheese & Charcuterie		Personal Care	

폭스트롯에서 판매하는 상품 리스트. 직원들의 까다로운 기준을 통과한 800여 개의 제품을 진열한다.(출처: 폭스트롯 웹사이트)

폭스트롯에서 근무하는 소믈리에 직원. 와인은 물론 어울리는 음식도 추천해준다.(출처: 유튜브 '폭스트롯')

시카고의 자랑 '뱅뱅 파이 앤 비스킷'의 파이를 폭스트롯에서도 맛볼 수 있다.(출처: 폭스트롯 웹사이트)

고 지점에서는 시카고의 전설적인 파이 가게 '뱅뱅 파이 앤 비스킷'의 파이를 판매한다.

폭스트롯 워싱턴 DC 매장에는 워싱턴의 명물 커피숍 '비질란테' 커피의 음료가 진열되어 있다. 워싱턴 지역 10대들이 만든 바비큐 소스 회사 '앤디 팩토리' 제품도 판매한다. 모두 폭스트롯 직원들이 직접 발로 뛰며 섭외한 로컬 브랜드다.

폭스트롯은 매장을 열기 전부터 해당 지역에서 인정받는 가게를 물색하는데, 특출난 가게를 발견하면 적극적으로 협업을 제안한다. 지역 내 유명 셰프들과 함께 음식 메뉴를 개발하기도 한다. 그 덕에 폭스트롯 매장에 진열된 제품 중 20%가 지역 특산품으로 채워진다. 시카고, 댈러스, 워싱턴에 자리한 폭스트롯 매장 모두 '거기서 거기'인 편의점 물건이 아니라 각양각색의 지역 특산품으로 손님을 유인하는 것이다. 고객 입장에서 폭스트롯에 꼭 들러야 할 분명한 이유가 여기에서 나온다.

동네 편의점이 이렇게 고급질 일?

현재 미국 유통 시장에서는 최고급과 최저가 브랜드만이 호황을 누리고 있다. 한국의 다이소와 비슷한 초저가 슈퍼 달러 제너럴, 고가 제품 위주인 대형마트 타깃 모두 매년 매출 신기록을 경신 중이다.

이런 흐름 속에서 폭스트롯이 추구하는 건 동네 편의점의 고급화다. 사실 미국 내 편의점은 대개 고급과는 거리가 멀다. 매장은 좁고

미국 내 일반적인 편의점의 모습. 한국의 편의점과 별반 다를 바 없다.(출처: 〈뉴욕타임스〉)

선반은 **빽빽**하고 조명은 어두침침하다. 그마저도 주유소 옆에 조그맣게 딸려 있는 경우가 많다.

반면에 폭스트롯은 매장의 인테리어부터 다르다. 유명 디자인 에이전시 스튜디오 K의 도움을 받아 도심 한복판에 편의점 같지 않은 편의점 공간을 창조해냈다. 넓고 쾌적하다. 밝고 고급스럽다.

매장에 진열되어 있는 제품들도 하나같이 힙하다. 수제 맥주와 와인, 도넛, 껌 등 고품질 소량 생산의 느낌이 나는 아이템들이다. 과자 한 봉지가 10달러 정도일 정도로 가격도 비싼 편이다.

고급 편의점 폭스트롯의 화룡점정은 매장 안에 있는 카페다. 이곳에서는 커피는 물론 와인과 칵테일까지 판매하는데, 편의점에 잠깐 들렀다가 본래의 목적을 잊고(?) 카페에 눌러앉는 이들이 많다. 카페

고급 백화점에 온 것 같은 느낌을 주는 폭스트롯의 매장.(출처: 폭스트롯 웹사이트)

폭스트롯을 찾은 고객이라면 그냥 지나치기 힘든 카페. 동네의 사랑방 역할까지
한다.(출처: 폭스트롯 웹사이트)

한쪽에 마련된 커다란 공용 테이블은 지역 주민들이 모여 수다를 떠
는 동네의 사랑방으로 자리 잡았다.

결국 폭스트롯이 꿈꾸는 건 '제3의 공간'이다. 제3의 공간은 원래
스타벅스가 만든 개념으로 집·회사와는 구분되는 장소를 뜻한다. 폭
스트롯은 스타벅스의 뒤를 잇는 제3의 공간이 되기에 충분한 요건을
갖췄다고 볼 수 있다. 누구나 부담 없이 들러 생필품을 사고, 쉼을 누
리며, 동네 친구들과 교류할 수 있는 곳이니까.

지금쯤 스타벅스도 폭스트롯을 예의주시하고 있지 않을까? 조금은
긴장하는 마음으로.

약간의 즐거움이면 충분해요

사실 폭스트롯에 그리 대
단한 혁신이 있는 건 아니
다. 홀푸드 마켓처럼 신선
식품으로만 가득 채워진 것
도 아니고, 아마존 고처럼
물건을 집으면 자동으로 계
산이 되는 최첨단 기술이 장
착된 것도 아니다. 그럼에
도 이 편의점이 홀로 승승장

폭스트롯 창업자 마이크 라비톨라. '약간의 즐거움'의
힘을 아는 남자다.(출처: Taste Radio Podcast)

구하는 비결은 무엇일까?

폭스트롯 창업자 마이크 라비톨라의 말에 답이 있다.

"약간의 즐거움을 원하거나 새로운 것을 탐색하고 싶어 하는 고객들이 있습니다. 그런데 이 영역에 집중하는 소매 업체는 많지 않죠."

폭스트롯이 기존의 구닥다리 편의점을 탈바꿈시키는 데는 대단한 혁신이 아닌 '약간의 즐거움'이면 충분했다. 이 약간의 즐거움을 담은 덕분에 폭스트롯은 고객에게 신선한 충격을 줄 수 있었다. 지역 사회에서 제3의 공간으로 자리매김할 수 있었다.

대한민국 내 편의점 수도 어느덧 5만 개를 넘었다는 소식이 들려온다. 쿠팡과 네이버를 위시한 이커머스 업체들의 진격으로 오프라인 매장들의 곡소리가 점점 더 커지고 있다. 이런 상황에서 앞으로 살아남을 오프라인 브랜드는 어디일까? 아마도 천편일률적인 매장들 사이에서 폭스트롯처럼 '약간의 즐거움'을 선사하는 곳이 아닐까.

2 섞으면 사람이 팔린다

모범생과 날라리를 섞어라

반전 매력으로 성공하는 법

날라리가 되고 싶었던 아이

학창 시절, 나는 날라리로 인정받고 싶었다. 이른바 공부도 잘하면서 놀기도 잘하는 날라리. 모범생은 재미가 없다. 날라리는 실속이 없고. 이 둘을 합쳐야 했다. 성적은 상위권이어야 했고, 패션 스타일은 도드라져야 했다.

학교 수업이 끝나면 확실한 개성으로 무장했다. 리바이스 엔지니어드 진, 랄프로렌 셔츠에 카우보이모자(!)를 쓰고 서울 거리를 쏘다녔다. 방학 때는 머리를 완전히 탈색하는 숭고한 의식을 치렀다(그리고 맨정신으로는 다시 꺼내 볼 수 없는 부끄러운 사진들이 남았다).

이런 꼬락서니로 지내다 보니 간혹 주변 어른들로부터 따가운 시선을 받기도 했다. 친구 부모님 중에는 나와 놀지 않는 편이 좋겠다고 아들에게 말씀하신 분도 계셨다(고 전해 들었다). 나는 전혀 개의치 않았다. 오히려 그런 오해를 즐겼다. 성경은 '경건의 모양은 있으나 경건의 능력은 없는 자'가 되지 말라고 가르쳤다. 그 가르침을 받들어 '경건의 모양은 없으나, 경건의 능력은 있는 자'로 살고 싶었다. 그때부터 본능적으로 알았던 것이다. 겉은 날라리이지만 속은 건실함으로 채운 '반전 매력'을 지닌 이들이 인기를 끌고 성공한다는 진리를.

잘 노는 모범생의 시대다. 모범생과 날라리의 매력을 반반씩 섞은 반전 매력의 대가들이 뻔한 모범생보다 훨씬 더 주목받는 날이 온 것이다. 이 사실은 경영계와 정치계에서 떠오른 스타들을 보면 알 수 있다.

치어리더 CEO 전성시대

테슬라, 버진, 애플, 파타고니아….

요즘 전 세계적으로 핫한 이 브랜드들의 공통점은 뭘까? '잘 노는' 리더가 전면에 나서서 직접 브랜드를 홍보한다는 것이다. 이른바 '치어리더 CEO'의 등장이다.

테슬라의 창업자 일론 머스크는 대표적인 치어리더 CEO다. 머스크의 소통창구는 9,000만 명 이상이 팔로우하는 그의 트위터 계정이다. 머스크는 이 계정을 테슬라발 뉴스를 시시각각 알리는 홍보 채널로 활용한다. 그가 하루 평균 여섯 개의 포스팅을 올리는 동안 일거리가 없어진 테슬라의 홍보팀이 해체됐을 정도다.

또 머스크는 '일상이 화보'인 CEO로도 유명하다. 언제나 몸에 꼭 맞는 티셔츠와 세련된 디자이너 진, 매끈하게 들어맞는 수트와 가죽 재킷을 소화하며 섹시한 억만장자의 전형을 보여준다. 대기업 경영자로서는 흔치 않은 비주얼 덕분에 잡지 〈롤링 스톤〉의 표지 모델로 등

록스타급 인기를 구가하는 경영계의 스타. 일론 머스크는 〈롤링 스톤〉의 표지 모델로도 등장했다.(출처: 〈롤링 스톤〉)

영화 〈아이언맨〉에 카메오로 출연해 토니 스타크를 만난 '진짜' 토니 스타크.(출처: 〈아이언맨2: 에이지 오브 울트론〉)

장하고, 영화 〈아이언맨〉에 카메오로 출연하기도 했다(영화 〈아이언맨〉 토니 스타크의 실제 모델이 일론 머스크인 건 잘 알려진 사실이다).

강력한 스토리텔링, 초등학교 6학년도 이해할 수 있는 용어를 사용해 복잡한 기술도 흥미진진하게 소개하는 일론 머스크의 프레젠테이션도 이름이 높다.

영국의 국민 기업 버진을 이끄는 리처드 브랜슨도 전설적인 치어리더 CEO다. '버진'이라는 섹시한(?) 사명부터가 '날라리 경영자' 브랜슨의 특성을 잘 보여준다('버진'이라는 외설적인 이름을 지은 이유도 흥미롭다. 직원 모두가 일자무식인 상태에서 신사업에 뛰어든다는 의미라고). 항공, 철도, 미디어, 우주여행 등의 사업을 영위하는 300여 개 계열사를 종횡

무진하며 사람들의 이목을 버진그룹에 집중시키는 것이 이 치어리더 CEO의 역할이다.

　과거 리처드 브랜슨은 버진 콜라의 출시를 알리기 위해 탱크를 몰고 뉴욕 타임스퀘어로 돌진했다(그리고 코카콜라 전광판에 '가짜' 대표를 명중시켰다). 웨딩 업체 버진 브라이드를 시작했을 때는 웨딩드레스를 입고 기자들 앞에 등장했다. 버진 애틀랜틱 항공사를 홍보하기 위해 스튜어디스 복장으로 비행기에 탑승하기도 했다.

　2021년 7월, 버진 갤럭틱 우주선을 타고 민간인 최초로 우주여행을 하고 돌아온 인물도 치어리더 CEO 리처드 브랜슨이다. 아마존 창업자 제프 베조스보다 9일이 더 빠른 우주여행이었다.

　버진그룹의 치어리더 CEO가 움직일 때면 세계 각국의 취재진이 몰려들었다. 그때마다 버진그룹은 값으로 매길 수 없는 광고 효과를

리처드 브랜슨은 버질 콜라의 출시를 알리기 위해 탱크를 몰고 코카콜라 전광판이 있는 타임스퀘어로 돌진했다.(출처: CNBC)

얻었다.

　스티브 잡스의 뒤를 이어 10년 넘게 애플을 이끌고 있는 팀 쿡도 의외로(?) 치어리더 CEO다.

　팀 쿡은 원래 모범생 이미지가 도드라지는 경영자이지만 애플의 브랜딩을 위해서라면 온몸을 불사른다. 애플의 신제품을 소개하는 프레젠테이션을 도맡는 건 기본이다. 예능 토크쇼에 출연하고, 대학교에서 연설도 한다. 2021년 4월에는 애플 아이패드 광고에 출연해 혼신의 연기력을 뽐내기도 했다(애플이 자체 개발한 반도체 M1칩을 훔쳐서 아이패드에 이식하는 스파이 역할이었다).

　이처럼 굴지의 글로벌 기업 CEO들이 브랜드의 얼굴로 나서는 데는 이유가 있다. 이것이 '진짜' 브랜딩이기 때문이다. 이제 사람들은

애플 아이패드 광고에서 스파이로 열연한 팀 쿡.(출처: 애플 광고)

진짜 브랜딩과 가짜 브랜딩을 정확하게 구분한다. 요즘에는 브랜드에 대한 비밀이 존재하지 않아서다. 온라인상에는 한 브랜드에 관한 대부분의 정보가 올라와 있다. 신제품 정보, 재무 정보, 인사 정보, 사건 사고 정보….

상황이 이럴진대 예전처럼 15초짜리 잘 짜인 광고로 소비자의 마음을 얻으려 해서는 곤란하다. 이제 사람들은 대부분의 광고를 가짜라고 생각하니까. 소비자들은 광고 모델이 실제로 그 제품을 사용하는지 아닌지까지도 소상히 알고 있으니까. 아무리 멋진 광고를 만들었더라도 '땅콩 회항' 뉴스 한 방으로 브랜드 이미지가 나락으로 떨어지는 시대니까.

브랜드의 진짜 모델이 나서야 한다. 기업의 CEO만 한 적임자가 없다. 이들이 브랜드의 '다움'을 가장 잘 드러낼 수 있는 사람이다. 가짜처럼 느껴지는 광고가 아닌, 브랜드의 진짜 이야기를 들려줄 사람이다.

그래서일까. '다움'으로 충만한 브랜드를 보면 기업의 리더가 직접 브랜드의 얼굴로 나선 경우가 대부분이다. 파타고니아다움을 여실히 보여주는 창업자 이본 취나드, 배민다움을 앞장서서 전파하는 김봉진 대표, 톰 포드다움 자체인 디자이너 톰 포드, 모노클다움의 창조자 타일러 브륄레….

브랜드의 다움을 효과적으로 드러내고 싶으신가? 은둔의 경영자로 남기보다 치어리더 CEO에 도전해보시길. 인스타그램이나 트위터에 피드를 올리는 것부터 시작해보시라. 사무실에서 일하는 모습이나 가족과 노는 모습, 새로운 취미 생활을 즐기는 모습, 요즘 꽂힌 음악이나 패션 등 모두 좋다. 심지어 브랜드의 신제품을 대놓고 광고해도 좋다.

사람들이 궁금해하는 브랜드의 얼굴을 마음껏 보여주시길. 소비자 입장에서는 어떤 광고보다 훨씬 더 진정성 있는 브랜딩으로 느껴질 것이다. 심지어 광고 모델비도 절약된다.

빌보드 차트에 오른 금융회사 CEO

'디제이 디 솔D Sol'이라는 이름을 들어봤는가? 이 이름이 낯설지 않다면 당신은 둘 중 하나일 것이다. 클럽 음악을 아주 좋아하든지, 아니면 금융 업계에 종사하고 있든지.

디제이 디 솔은 몇 년 전부터 상당한 인기를 끈 디제이다. 2018년에 발표한 리믹스곡 'Don't Stop'이 빌보드 댄스 차트 39위에 올랐을 정도다. 한 가지 특이한 점은 이 디제이의 본업이 고위직 은행원, 그것도 월스트리트에서 가장 유명한 은행의 대표이사라는 사실이다. 디제이 디 솔의 본명은 데이비드 솔로몬, 글로벌 투자은행 골드만삭스의 CEO다.

골드만삭스가 어떤 회사던가. 1869년 설립되어 150년 넘게 전 세계 금융을 주물러온 초대형 금융회사이자, 그 방대한 영향력 때문에 '거번먼트 삭스Government Sachs(삭스 행정부)'라는 별칭으로 불리는 회사가 아니던가. 이 초대형 회사의 수장이 회사 업무 외에 디제잉이라는 희한한 부업 활동을 펼치고 있는 것이다(정작 솔로몬은 디제잉 활동이 다른 경영자들이 골프를 치는 것과 다를 바 없으니 색안경을 끼고 보지 말아 달라고 당부한다).

솔로몬은 디제잉에 진심이다. 디제이 디 솔이라는 이름으로 한 달에 한 번 클럽이나 음악 페스티벌에서 공연을 한다(디제이 활동으로 발생하는 수익금 전액은 마약 중독 관련 자선사업에 기부한다). 그의 링크드인 프로필에는 '골드만삭스 CEO'와 '파트타임 디제이'가 함께 명시되어 있다. 구글 검색창에 '데이비드 솔로몬'을 입력하면 '골드만삭스'와 '디제이'가 자동 검색된다.

솔로몬은 인스타그램 계정도 두 개를 운영한다. 하나는 자신의 일상을 포스팅하는 '데이비드 솔로몬' 계정, 다른 하나는 디제이로서 활동하는 모습을 보여주는 '데이비드 솔로몬 뮤직' 계정이다(각 계정의 팔

낮에는 골드만삭스의 CEO로, 밤에는 디제이 디 솔로 살아가는 남자 데이비드 솔로몬.(출처: 데이비드 솔로몬 인스타그램)

로워 수는 4만 명 수준이다).

그럼 골드만삭스 CEO의 희한한 딴짓은 그의 본업에도 영향을 줄까? 물론이다. 2018년 골드만삭스의 수장이 된 이 괴짜 경영자는 지난 150년 동안 축적되어온 이 회사의 관료주의를 타파하고 있다.

- 남성 중심의 골드만삭스 문화를 바꾸기 위해 신입 애널리스트의 50%를 여성으로 채울 것을 지시했으며, 이 조치는 곧 모든 신규 채용자를 대상으로 확대 적용됐다.
- 양복, 넥타이, 구두 착용법 등이 적힌 35페이지짜리 복장 규정을 폐기했다. 데이비드 솔로몬은 스포츠 의류 업체 룰루레몬의 기업공개IPO를 주관할 때 회의 석상에 정장이 아닌 애슬레저(일상복과 비슷한 운동복) 차림으로 나타나기도 했다.
- 직원들이 솔로몬의 집무실 문을 직접 두드릴 수 있도록 했다(이전까지는 직원들이 두 개의 접견실을 통과해야만 경영자를 만날 수 있었다).
- 골드만삭스 사무실 내에서 사진 촬영을 금지한 조항을 없앴다. 그 자신부터 사무실에서 찍은 사진을 인스타그램에 꾸준히 올리며 솔선수범(?)했다.

데이비드 솔로몬이 경영자로서 보여준 소소한 행동들 또한 파격적이다. 비서에게 시키지 않고 직접 커피를 타서 마신다. 부서별 회의에 예고 없이 나타난다. 그리고 연봉 200억 원이 넘는 골드만삭스의 CEO가 뉴욕의 지하철로 출퇴근을 한다! 이런 기행(?)에 경악하는 이들에게 그는 조용히 묻는다.

"지하철이 차보다 더 빠르고 효율적인 교통수단인데 타지 않을 이유가 무엇이죠?"

솔로몬식 관습타파는 골드만삭스 직원 중 75%를 차지하는 MZ세대의 절대적인 지지를 받으며 순항 중이다. 솔로몬의 출현 자체가 금융 업계 전체가 기다려온 변화라는 분위기가 팽배하다.

그리고 데이비드 솔로몬의 개혁에 디제이 디 솔 활동이 주요 동력이 된다는 건 확실해 보인다. 그의 말마따나 디제이 활동 덕분에 골드만삭스의 젊은 직원들이 이전과는 다른 방식으로 그를 대하고 있으니까. 솔로몬의 말이다.

"저는 골드만삭스를 더 개방적이고, 접근 가능한, 그리고 더 이해할 수 있는 인간적인 일터로 만들려고 노력하고 있습니다. 젊은 골드만 종사자들에게 디제이 디 솔과 함께 클럽에서 셀카를 찍는 것만큼 변화된 은행을 상징하는 일은 없겠죠."

솔로몬식 개혁의 성과도 확실하다. 2018년 솔로몬이 최고경영자가 된 이후 골드만삭스의 실적은 2년간 30% 이상 상승했다. 코로나 팬데믹이 터진 해에는 사상 최대 실적을 냈다. 같은 기간 골드만삭스의 주가는 2배 상승했다. 무엇보다 솔로몬이 일구어낸 가장 큰 성취는 그의 희한한 부업에 의심의 눈초리를 보내던 이들의 목소리를 완전히 잠재웠다는 것 아닐까.

오늘도 골드만삭스의 CEO는 뉴욕의 지하철을 타고 회사로 출근한다. 클럽에 디제잉을 하러 출격한다.

날라리 정치인이 온다

정치권에 입문하는 사람들은 십중팔구 우뇌형이 아닌 좌뇌형일 것이다. 어려서부터 수재 소리를 듣던 사람들, 학벌 좋고 박학다식한 이른바 '뇌색남녀'들.

그런데 국민들이 특정 정치인을 지지하게 되는 이유가 오롯이 한 개인의 지성미 때문일까?

그럴 리 없다. 인간은 감성의 동물이다. 절대 논리의 옳고 그름에 따라서만 마음이 동하지 않는다. 정치인에게 지성미란 응당 갖추어야 할 기본 옵션일 뿐이다. 인간적인 매력을 겸비해야 대중의 지지를 얻을 수 있다. 그러려면 모범생과 날라리의 믹스만 한 것이 없다. 논리 정연한 줄로만 알았던 정치인이 때와 상황에 맞게 잘 노는 모습을 보여주어야 '뜨는' 것이다. 지금까지 미국에서 큰 사랑을 받았던 날라리 정치인의 계보를 살펴보면 알 수 있다.

존 F. 케네디는 현대 정치사에서 이미지의 시대를 열어젖힌 인물이다. 우아한 외모, 185센티미터의 키와 79킬로그램이라는 타고난 옷걸이에 '케네디 스타일'을 장착했다. 허리선이 살짝 들어간 투 버튼 재킷, 둥그스름하게 재단한 어깨 라인과 노치트 라펠, 주름이 없는 노턱 팬츠에 2.5인치 접어 올린 턴업, 폭이 좁은 넥타이…. 케네디 스타일은 청년 정치인 케네디의 강력한 무기였다.

사상 최초로 TV로 생중계된 대선 토론에서는 오디오형 정치인 리처

존 F. 케네디는 '케네디 스타일'이라는 무기를 지닌 날라리 정치인이었다.(출처: Wikimedia Commons)

드 닉슨을 압도했다(TV 토론 이후 전세를 역전시켜 대통령에 당선될 수 있었다). 대통령 전용기 에어포스원에서 내릴 때마다 직접 가방을 들고 트랩을 내려오면서 패션모델 같은 오라를 뽐냈다. 국무회의를 주재할 때는 재킷을 벗어버리고 와이셔츠 차림으로 집무하는 모습을 연출했다.

그렇게 그는 미국의 젊은 우상이 됐다. 케네디가 '20세기의 가장 위대한 영화배우'라고 불렸던 것은 결코 우연이 아니다.

1990년대에는 빌 클린턴이 케네디로부터 날라리 정치인의 바통을 이어받았다. 클린턴은 정치인이 뉴스와 시사토론 같은 '딱딱한' 프로그램에만 출연하던 관행을 깼다. 당시 마흔여섯의 나이로 미 대선에 출마한 이 아칸소 주지사는 TV 토크쇼에 출연해 비장의 무기 색소폰

빌 클린턴은 자신의 매력을 발산해야 하는 순간마다 색소폰을 꺼내 들었다.(출처: 클린턴 디지털 라이브러리)

을 꺼내 들었다. 젊고 잘생긴 빌 클린턴이 엘비스 프레슬리의 히트곡 '하트 브레이크 호텔'을 연주하자 미 전역에서 여심이 폭발했다. 이후 정치인들이 예능 프로그램에 출연해 숨겨진 끼를 뽐내는 건 국가를 막론하고 대권을 잡기 위한 필수 코스로 자리 잡았다(그리고 TV 예능 스타 도널드 트럼프가 대통령이 되는 이변도 발생했다).

그리고 2009년, 날라리 정치인계의 챔피언이라고 불릴 만한 인물이 미국의 제44대 대통령으로 취임했다. 버락 오바마다.

최신 유행 춤을 섭렵하는 대통령

버락 오바마는 재임 당시 엄숙하고 무게 잡는 통수권자가 아니었다. '제법 놀 줄 아는' 날라리 리더였다. 오바마 대통령의 흥꾼 기질이 드러난 순간을 보자.

2015년 7월, 오바마 대통령이 아프리카 케냐를 국빈 방문했을 때였다. 국회의사당에서 열린 정상 간의 만찬 자리에서 오바마 대통령은 무대 앞으로 걸어 나갔다. 그러고는 당시 케냐에서 유행하던 춤인 '리팔라'를 추기 시작했다. 곧이어 우후루 케냐타 케냐 대통령 부부가 합류했고, 수전 라이스 미 백악관 국가안보 보좌관도 춤판에 동참했다. 양국 정상들의 춤사위로 딱딱한 만찬장은 뜨거운 파티장이 됐다. 당시 만찬장에서 음악을 연주한 밴드 사우티 솔이 인스타그램에 올린 영상으로 오바마 대통령의 댄스 실력(?)이 만천하에 드러났다.

오바마 대통령의 유쾌한 기행은 여기에서 그치지 않았다. 베트남을 방문해서는 여성 래퍼 수보이의 즉흥 랩에 맞춰 비트박스를 선보였다. 아르헨티나에서는 여성 댄서와 한바탕 탱고 스텝을 밟았다.

오바마는 시민들과도 계급장 떼고 놀았던 대통령이다. 유튜브에는 그가 대통령 재임 시절 시민들과 거리낌 없이 노는 영상이 차고 넘친다. 공원을 산책하며 시민들과 하이파이브를 나누고, 작은 서점에 예고 없이 들러 책을 구입하고, 백악관의 농구 코트에서는 3점 숏을 성공시킨다(고등학생 때까지 농구선수로 활약했던 오바마의 숏 폼은 역시 예사롭

흥겨운 춤판이 벌어진 미국과 케냐 정상 간의 만찬장 모습. 오바마 대통령의 리팔라 춤이 시작이었다.(출처: 사우티 솔 인스타그램)

조금 어설픈 자세로 아르헨티나 댄서와 탱고 스텝을 밟는 미국의 대통령.(출처: CNN)

지 않았다).

오바마는 선거철이 되면 재래시장을 찾아가 웃기지도 않는 농담을 던지는 여느 정치인과는 달랐다. 오바마가 노는 모습에는 일말의 어색함도 없었다. 시민들과의 스킨십은 자연스러웠다. 토크쇼에 출연해서는 흥겹게 대화를 주도했다. 50대 나이에도 탄탄한 몸매로 수트를 간지나게 소화했다. 오바마는 날라리 그 자체였다.

그럼 오바마는 어떻게 역대급 날라리 정치인이 될 수 있었을까? 오바마의 날라리 내공(?)은 그가 깊은 방황을 하던 10대 시기에 형성됐을 가능성이 크다. 널리 알려진 대로 오바마는 케냐 출신의 흑인 아버지와 백인 어머니 사이에서 태어났다. 피부색이 다르다는 이유로 중·고교 시절 숱한 차별에 시달렸다. 깊은 외로움에 빠진 오바마는 술을 마시고 마리화나를 피웠다. 코카인에도 손을 댔다. 고교 시절에는 '춤 갱Choom Gang'이라는 농구 클럽에서 선수로 뛰었는데, '춤 갱'은 '마약을 피운다'는 뜻이다.

그러나 이 어두웠던 시기에 날라리 정치인 오바마가 자라고 있었다. 그는 금수저 집안에서 자란 '도련님'이 아니었기에 사람 냄새를 잃지 않은 엘리트 정치인이 될 수 있었다. 대통령이 되어서도 하이파이브를 할 수 있고, 시답잖은 농담도 적절하게 받아칠 것 같은 '흑형'의 모습을 간직했다.

이 날라리 정치인은 임기 말까지도 50%가 넘는 국정 지지율을 누리며 퇴임했다. 그가 떠난 후에도 수많은 미국인이 오바마 행정부 시절을 그리워했다. 2020년 11월에 출간된 오바마 대통령의 정치 회고록 《약속의 땅》은 전 세계적으로 500만 부 이상이 판매됐다. 미국 역대 대통령의 회고록 중 최고 판매 기록이었다.

이 시대 모범생에게 고함

모범생과 날라리의 특성을 균형 있게 겸비하는 것이 중요하다.

자신이 너무 모범생과라고 생각되는가? 자신 안에 숨겨져 있는 또 다른 재능(?)을 갈고닦아 날라리가 되어보시라. 잘 입고 잘 노는 것도 능력이라는 생각으로 주변의 멋쟁이들을 따라 해보시라(요즘에 이런 사람들은 죄다 인스타그램에 몰려 있으니 참고하시라). 최신 잡지와 음악을 가까이하며 트렌드를 숙지하시라. 몸매를 관리하고 새로운 스타일의 옷을 입어보시라. 디제이 디 솔처럼 힙한 취미를 가져보시라. 상대방의 입장에 서서 '들리는' 말을 연마하시라.

혹시 날라리가 되기에 너무 늦었다는 생각이 든다면 2019년 뉴발란스가 진행한 '아빠의 그레이' 캠페인을 참고하시길. 평생을 멋과 무관하게 살아온 대한민국 아빠들의 스타일을 바꿔주는 캠페인이었다. 이 캠페인이 전하는 메시지는 단순했다.

'아무리 오랜 기간 모범생으로만 살아왔더라도, 당신은 멋쟁이 날라리가 될 수 있습니다.'

혹시 이미 날라리이신가? 당신은 그 자체로 잠재력을 갖추고 있다. 오랫동안 잘 놀아본 내공을 쌓은 이라면 사람들이 당신의 매력을 금세 알아봐 줄 것이다. 이제 생활에 내실만 기하시면 되겠다.

One more thing:

너무나 인간적인 '날라리 대통령'의 사진

오바마 대통령의 전속 사진사 피트 수자가 찍은 대통령의 일상 사진은 오바마의 재임 기간 내내 화제가 됐다. 우리가 한 번도 보지 못한 '날라리 대통령'의 모습이었다.

사진에는 권위적인 대통령 대신 따뜻한 아빠이자 리더, 친절하고 유머러스한 시민이 있었다. 너무나 인간적인 날라리 대통령의 매력에 전 세계가 빠져들었다.

백악관에 들어온 파리를 발견하고는 들고 있던 잡지를 돌돌 말아서 내리치는 **대통령**(결국 파리는 잡지 못했다고…).(출처: 피트 수자 웹사이트)

딸 샤샤와 하이킹을 하는 대통령.(출처: 피트 수자 웹사이트)

플로리다의 한 초등학교에서 기념사진을 찍던 도중 자기 머리 뒤로 장난을 치는 아이들을 보고 빵 터진 대통령.(출처: 피트 수자 웹사이트)

백악관 청소부와 주먹 인사를 나누는 대통령.(출처: 피트 수자 웹사이트)

어린아이가 자기 머리를 쓰다듬을 수 있게 고개를 숙여주는 대통령.(출처: 피트 수자 웹사이트)

백악관 직원들과 힘을 모아서 무거운 소파를 옮기는 대통령.(출처: 피트 수자 웹사이트)

올림픽에 참가한 여자 체조 대표팀 선수들처럼 다리 찢기에 도전하는 대통령.(출처: 피트 수자 웹사이트)

본캐와
부캐를
섞어라

여러 개의 직업으로 먹고사는 법

다들, 부업 한두 가지는 하고 계시죠?

브랜드보이라는 필명으로 부캐 활동을 시작하면서부터 다양한 호칭이 생겼다. 강연장에서는 나를 '강사님'과 '작가님'으로, 브랜드 컨설팅을 할 때는 '대표님' 또는 '컨설턴트님'으로, 거리에서 날 알아보는 사람들은 '브랜드보이님(브보님)' 또는 '유튜버님'이라고 부른다. 내가 맡은 일에 따라 호칭이 달라지는 것이다.

이건 비단 나만의 이야기가 아니다. 요즘 젊은 세대는 '슬래시 세대slash generation'라고 불린다. 슬래시(/)에는 'AND'의 뜻이 있다. 본업 외에도 여러 부업을 가지고 생활한다는 의미다. 명함이나 링크드인 프로필에 '변호사/디제이/소설가'라고 쓰는 식이다. 주중에는 변호사로 일하고 주말에는 클럽의 디제이로 변신해서 음악을 튼다.

슬래시 세대는 달라진 시대상을 반영한다. 산업 내 환경 변화의 속도가 빨라지고 구조조정이 빈번해졌다. 기업은 정규직보다는 그때그때 필요에 따라 '유연하게' 계약직 직원을 고용한다. 평생직장, 안정된 직업이 사라지면서 40대 명퇴가 일반화됐다. 코로나 팬데믹으로 재택

근무가 일상화되어 많은 이들이 부업 활동에 돌입했다. 회사에 소속되지 않고 일하는 프리랜서 숫자가 폭증했다.

무엇보다 본캐만큼이나 부캐가 대접받는 세상이 됐다. 예전에는 한 우물을 깊게 파는 사람이 주목받았다. 그런데 이제는 다양한 우물을 넓게 파는 '멀티 페르소나'가 승자가 된다.

2021년에 세상을 떠난 버질 아블로도 여러 개의 부캐를 지닌 인물이었다. 버질 아블로는 공식적으로는 루이비통의 크리에이티브 디렉터였다. 그러나 그는 루이비통 일에만 올인하지 않았다. 자신이 설립한 의류 브랜드 오프화이트를 이끄는 비즈니스맨이었다. 수시로 전 세계 유명 클럽을 찾아 공연을 하는 디제이였다. 미술 전시회를 여는 작가였다. 자기 이름을 내걸고 이케아, 에비앙 등과 협업하는 개인 브랜드였다. 영국 왕립예술대학교에서 강의하는 객원 교수였다. 600만 명이 넘는 인스타그램 팔로워를 보유한 인플루언서였다(버질 아블로는 인스타그램에서 눈팅도 열심히 했다. 버질 아블로가 팔로우하던 계정만 7,000여 개였다. 인스타그램에서 마음에 드는 인물을 발견하면 함께 일하자는 DM을 보내기도 했다).

버질 아블로는 말했다.

"저는 스스로를 패션 디자이너로 생각해본 적이 없습니다. 저는 아이디어를 내는 크리에이터입니다."

디자이너 버질 아블로의 부캐 중 하나는 디제이였다. 그는 틈 나는 대로 전 세계 클럽을 찾아 디제잉을 했다.(출처: 유튜브 'Boiler Room')

지금은 버질 아블로처럼 다양한 부캐를 지닌 크리에이터들의 전성시대다. 이 크리에이터들은 회사에 대한 의존도를 낮추고 여러 직업을 유연하게 넘나든다. 누구와도 협업할 수 있다고 믿으며, 본업과 부업이 시너지를 내게 한다. 무엇보다 이들은 스스로 브랜드가 되어 자신의 이름을 내걸고 창조적으로 일한다!

이 시대의 크리에이터가 일하는 방식을 몸소 보여준 인물이 있다. 천재 마케터 라이언 레이놀즈와 부캐의 여왕 이시영이다.

마케팅 천재가 된 영화배우

라이언 레이놀즈는 '부캐의 사나이'다. 그의 본업은 배우다. 캐나다 출신으로 열네 살에 하이틴 드라마로 데뷔해 20년 넘게 연기 경력을 쌓

앉다. 역대 청소년 관람불가 영화 중 두 번째로 높은 흥행 수익을 기록한 〈데드풀〉이 그의 대표작이다(청소년 관람불가 흥행 1위 영화는 2020년에 개봉한 〈조커〉다).

또 레이놀즈는 성공한 사업가다. 2018년 주류 브랜드 에비에이션 진을 인수해 2년 만에 매출을 2배 이상 끌어올려 세계 최대의 주류회사 디아지오에 6억 1,000만 달러(약 7,200억 원)에 매각했다(레이놀즈는 향후 10년간 에이비에이션 진의 주주 지위를 유지하고, 마케팅에도 계속 참여하기로 합의했다). 2019년에는 저가 통신 서비스를 제공하는 회사 민트 모바일의 주인이 됐다.

요즘 라이언 레이놀즈는 '마케팅 천재'라고 불린다. 레이놀즈가 설립한 광고회사 맥시멈 에포트 프로덕션에서 줄줄이 내놓은 히트작들 덕분이다.

영화 〈데드풀〉의 히어로 라이언 레이놀즈. 코믹하면서도 섹시한 매력이 돋보이는 캐나다 배우다.(출처: 〈GQ〉)

맥시멈 에포트 프로덕션은 레이놀즈의, 레이놀즈에 의한, 레이놀즈를 위한 광고회사다. 회사 내 레이놀즈의 공식 직함은 최고 크리에이티브 책임자Chief Creative Officer. 이 회사의 홈페이지에는 다음과 같은 문구가 쓰여 있다.

"할리우드 스타 라이언 레이놀즈의 개인적 재미를 위해 영화, TV 시리즈를 만들고 칵테일을 제조한다. 우리가 만든 콘텐츠는 가끔 대중에게 공개된다."

맥시멈 에포트 프로덕션에서는 레이놀즈가 출연한 영화의 홍보 영상과 레이놀즈 소유의 브랜드 에비에이션 진, 민트 모바일의 광고 등을 제작한다. 대부분의 광고에 레이놀즈가 직접 출연하며, 영상은 그의 SNS 채널에 공개된다(라이언 레이놀즈는 트위터 팔로워 1,900만, 유튜브 팔로워 370만, 인스타그램 팔로워 4,300만을 보유하고 있다).

맥시멈 에포트 프로덕션의 핵심 경쟁력은 패스트버타이징('Fast'와 'Advertising'의 합성어)이다. 이 회사의 오너이자 클라이언트가 모두 레이놀즈이기에 그가 '꽂히면' 바로 광고 제작에 들어간다. 광고주의 컨펌을 받는 기나긴 과정이 생략된다.

맥시멈 에포트 프로덕션

Maximum Effort makes movies, tv series, content, ads, and cocktails for the personal amusement of Hollywood Star Ryan Reynolds.

We occasionally release them to the general public.

themarketeers@maximumeffort.com

MAXIMUM EFFORT

맥시멈 에포트 프로덕션 홈페이지에 적혀 있는 세상 심플한 사명.(출처: 맥시멈 에포트 프로덕션 홈페이지)

의 속도가 빛을 발한 순간을 살펴보자.

장면 하나

2019년 12월, 미국의 홈 사이클링 회사 펠로톤의 TV 광고가 성차별 이슈로 뜨거운 논란이 됐을 때의 일이다.

펠로톤 광고 스토리

남편이 아내에게 크리스마스 선물로 실내 자전거 펠로톤을 선물한다. 아내는 1년간 매일 집에서 운동하며 영상으로 기록을 남긴다. 다음 해 크리스마스, 아내는 남편에게 자신이 1년 동안 찍은 영상을 모아 선물한다.

펠로톤 광고는 공개되자마자 여성이 날씬한 몸매를 유지하도록 강요한다는 비판에 직면했다. 이날 펠로톤 주가는 무려 9%나 하락했는데, 이때 날린 기업 가치만 1조 원이었다.

남편을 위해 1년 동안 펠로톤으로 운동하는 모습을 기록한 아내. 이 광고는 공개되자마자 성차별 논란에 휩싸였다.(출처: 펠로톤 광고)

이에 맥시멈 에포트 프로덕션은 '곧바로' 펠로톤 광고를 패러디하는 광고 제작에 착수했다. 펠로톤 광고에서 아내 역할을 맡았던 배우 모니카 루이스를 섭외해 초고속으로 에비에이션 진 광고를 찍었다.

에비에이션 진 광고 스토리

고급바에서 여성(펠로톤 광고에서 아내 역)이 두 명의 친구와 에비에이션 진을 나눠 마신다. 여성의 새 출발을 응원하며 친구 중 한 명이 격려의 말을 건넨다. "너 지금 딱 보기 좋아."

남편을 위해 펠로톤으로 열심히 몸매 관리를 한 여성에게 '지금의 모습도 좋다'며 따뜻한 위로(?)를 건네는 광고였다.

에비에이션 진 광고는 펠로톤 광고를 조롱했다. "여긴 네 몸매 단속하는 남편도 없으니 신경 쓰지 말고 맘껏 마셔."(출처: 에비에이션 진 광고)

놀라운 건 펠로톤 광고가 온에어되고 이 패러디 광고가 완성되기까지 불과 36시간밖에 안 걸렸다는 사실이다. 맥시멈 에포트 프로덕션의 장기인 스피드가 유감없이 발휘된 결과다. 뜨거운 감자가 된 펠로톤 광고를 빛의 속도로 패러디한 에비에이션 진 광고는 미 전역을 뒤흔들며 공전의 히트를 기록했다.

이후 펠로톤은 자사의 논란거리를 패러디 소재로 삼은 맥시멈 에포트 프로덕션을 광고 에이전시로 고용했다.

장면 둘

미국의 유명 퀴즈쇼 〈제퍼디!〉의 게스트로 TV 드라마 〈스타트렉〉의 명배우 레바 버턴이 출연한다는 소식이 〈제퍼디!〉 공식 트윗을 통해 알려졌다. 맥시멈 에포트 프로덕션은 '곧장' 레바 버턴을 섭외해 48초짜리 광고 영상을 제작했다.

에비에이션 진 광고 스토리

라이언 레이놀즈는 레바 버턴이 에비에이션 진의 새로운 대변인이 됐음을 알렸다. 레바 버턴은 에비에이션 진이 "기분 전환용으로 최고"라고 말하며 한 잔을 들이켰고, 레이놀즈와 레바 버턴은 시시껄렁한 농담을 주고받았다.

30시간 만에 완성된 에비에이션 진 광고. 별 내용은 없었다. 대신 엄청 웃겼다.(출처: 에비에이션 진 광고)

트위터에서 레바 버튼의 〈제퍼디!〉 출연 소식이 전해진 후 이 광고가 라이언 레이놀즈의 유튜브 채널에 올라가기까지 딱 30시간이 걸렸다. 어마어마한 시의성을 갖춘 이 영상은 유튜브에서 순식간에 100만 조회수를 넘겼다.

맥시멈 에포트 프로덕션은 늘 이런 식으로 일한다. 초고속으로 영상을 만드는 만큼 퀄리티는 조악한 편이다. 화려한 볼거리는커녕, B급 스탁 이미지가 시도 때도 없이 등장한다. 편집도 일부러 대충 하는 것 같은 느낌이다. 그러나 이 모든 단점을 상쇄하는 강점이 있다. 빛의 속도로 제작되어 엄청난 시의성을 자랑한다. 솔직하고, 엄청나게 웃기다. 그러면서도 핵심 메시지를 놓치지 않는다.

민트 모바일 광고에 출연한 레이놀즈가 이 회사의 합리적인 가격 정책을 언급하면서 이렇게 퉁치는 식이다.

"연말에는 거대 통신사들이 엄청난 광고비를 들여 광고를 만들지. 난 그런 데 돈 낭비하기 싫어서 그냥 몇십만 원짜리 손 사진 이미지(스톡)를 샀어. 그걸로 광고를 만들었지".

뜨거운 이슈를 붙잡아 초스피드로 광고를 만들기, 완벽보다는 재미를 추구하기, 그 와중에 핵심 메시지는 정확히 전달하기. 이것이 맥시멈 에포트 프로덕션의 '허접한' 광고가 '완벽하지만 재미없는' 광고들 사이에서 홀로 빛나는 비결이다.

2021년 8월, 라이언 레이놀즈는 칸 국제광고제에 참석해 대담을 나누던 중 이런 질문을 받았다.

"배우, 프로듀서, 사업가, 크리에이티브 디렉터 중 하나만 선택할 수 있다면 어떤 것을 꼽을 건가요?"

레이놀즈는 '프로듀서'라고 답하며 그 이유를 이렇게 설명했다.

"프로듀서로 일하면 다른 일도 조금씩 경험할 수 있거든요."

부캐의 사나이다운 답변이었다.

2021년 2월, 레이놀즈는 영국 5부 리그에 속해 있는 축구팀 렉섬 AFC를 인수했다. 이로써 '축구팀 구단주'라는 새로운 부캐를 추가했다.

로맨틱 코미디 여배우의 희한한 도전

2013년은 로맨틱 코미디 전문 여배우 이시영에게 특별한 해였다. 그녀가 대한민국 국가대표 권투선수로 선발된 것이다. 기상천외한 일이었다. 국가대표 운동선수가 연예인으로 전향하는 사례는 흔했다. 그 반대의 경우는 찾아보기 힘들었다.

이시영이 여자 권투선

복싱 국가대표가 된 로맨틱 코미디 전문 배우. 당시 이시영의 일거수일투족이 화제였다.(출처: 〈충청일보〉)

수를 소재로 한 단막극에 캐스팅된 것이 시작이었다. 드라마 제작은 중단됐다. 그러나 이시영은 권투 훈련을 멈추지 않았다. '4전 5기 신화'의 주인공인 홍수환 관장의 지도를 받으며 실력을 키워나갔다.

경기장에서 이시영은 여배우의 모습을 지웠다. 민낯에 고무줄로 머리를 질끈 동여맨 채로 등장했다. 링 위에서 여배우의 얼굴은 붓고 멍이 들었다. 이시영의 얼굴에 미녀와 야수가 포개졌다. 누군가가 그랬다. 이시영이 드라마에서 아무리 망가지는 캐릭터를 연기한다고 해도 이 정도일 수는 없을 거라고.

이시영은 자신 앞에 놓인 벽돌을 하나씩 격파해갔다. 생활체육복싱 대회에서 우승, 인천시청 복싱단 입단, 서울 신인 아마추어 복싱전 우승, 국가대표 최종 선발전 판정승. 이시영의 경기가 열릴 때면 올림픽과 세계 선수권대회를 능가하는 취재 열기가 벌어졌다. 이시영과 관련된 키워드가 실시간 검색어 순위를 도배했다.

인천시청 복싱팀 선수 이시영은 연예계 활동을 병행하며 하루 일곱 시간씩 훈련했다. 2015년 습관성 어깨 탈구 부상으로 은퇴를 선언하기 전까지 8년간을 복싱에 미쳐 있었다. 로맨틱 코미디 전문 여배우의 커리어를 통째로 바꿔놓기에 충분한 시간이었다.

일단 하고 보자

복싱계를 떠난 이시영은 복싱 국가대표 출신이라는 부캐로 각종 예능 프로그램에서 종횡무진 활약했다. 연예인들의 군대 체험기를 보여주는 〈진짜 사나이〉에 출연해서는 체력 테스트에서 '코리안 특급' 박찬호를 제쳤다.

〈아는 형님〉에 출연해서는 룰라 이상민과 권투 대결을 펼쳤다. 완승을 거둔 이시영은 공황장애를 겪는 이상민에게 "공황장애 치료에

이시영이 체력테스트에서 코리안 특급 박찬호를 가볍게 추월하는 모습.(출처: 유튜브 'MBCentertainment')

권투가 좋을 것 같다"라는 따뜻한 조언을 건넸다.

2020년에는 넷플릭스의 300억짜리 대작 드라마 〈스위트홈〉에 출연해 대역 없이 모든 액션을 소화했다. 특히 이시영이 속옷 차림으로 거미 괴물에 맞서는 장면은 세계적인 화제가 됐다. 그녀의 성난 등근육이 크리스마스트리를 닮았다는 뜻에서 '트리 근육'이라는 별칭도 얻었다.

최근 이시영이 가장 밀고 있는 부캐는 '틱톡커'다. 일상에서 벌어지는 황당한 순간을 포착해 로맨스, 코미디, 액션, 공포, 드라마 장르의 밈으로 생산하는 중이다. 그녀의 틱톡 구독자 수는 무려 1,700만 명이 넘는다.

틱톡커 이시영은 거의 매일 코믹한 밈을 쏟아내는 흔치 않은 여배우다.(출처: 이시영 틱톡)

등반 유튜버로 활약할 만큼 이시영의 산 사랑은 유별나다. 잡지 〈산〉의 표지 모델로 등장했을 정도다.(출처: 〈산〉)

이시영은 개인 유튜브 채널 〈이시영의 땀티〉도 운영한다. 전국의 100대 명산을 정복한다는 목표로 매주 산행길에 오르는 채널이다.

'일단 하고 보자.'

나이키의 슬로건 'Just Do It'을 떠올리게 하는 이 문장은 이시영의 좌우명이다. 그녀에게 권투를 가르쳐준 선생님이 늘 강조하던 말 "일단 해봐. 아니면 말고"에서 따왔단다. 로맨틱 코미디 여배우에서 출발해 권투선수, 액션 스타, 틱톡커, 산악 유튜버까지…. 이시영이 '부캐의 여왕'이 될 수 있었던 비결이 그녀의 좌우명 한마디에 전부 담겨 있다.

이시영은 새로운 도전이 망설여질 때마다 '일단 하고 봤다.' 그 후 인고의 시간을 버텼고, 착실하게 실력을 키웠고, 점점 더 많은 사람의 응원과 지지를 받게 됐다. 그리고 어느 순간 뒤를 돌아보니 자신도 모르는 사이에 유일무이한 부캐들이 놀랍도록 자라나 있었다.

앞으로 '뭐 먹고 살지'가 고민되는가? 본업과 부업이 시너지를 내기 원하는가? 이시영의 저 단순한 좌우명을 실천해보시길. 세상 모든 일이 그러하듯 '일단 하고 보면' 생각했던 것보다는 훨씬 더 해볼 만한 일이라는 걸 알게 될 것이다. 그에 비해 열매는 놀라울 정도로 풍성하다는 것도. 이것이 자신의 좌우명대로 살아온 부캐의 여왕이 우리에게 전하는 메시지다.

덕후와
방송국을
섞어라

당신을 작가로 데뷔시켜줄 믹스

브랜드보이를 시작한 이유

"작가님의 책을 출판하지 않겠습니다."

2017년 11월 27일, 국내 굴지의 출판사 편집장에게 메일을 받았다. 청천벽력이었다. 며칠 전까지만 하더라도 내가 투고한 원고를 꼭 책으로 출간하고 싶다던 분이었다. 지난 3개월 동안 여러 차례 원고 수정을 요청하던 분이었다. 편집장은 마지막 통화에서 이제 모든 준비가 됐다면서 계약서를 보내주겠다고 했다. 그리고 얼마 후, 고대하던 계약서 대신 날아온 것이 출판을 하지 않겠다는 통보 메일이었다.

퇴근하는 지하철에서 스마트폰으로 메일을 확인했다. 작가로 데뷔하는 날이 아득하게 느껴졌다.

"성은 씨는 SNS 열심히 하세요?"

메일을 받고 얼마 지나지 않아서, 편집장이 예전에 했던 질문이 떠올랐다. 그때 나는 (지나치게) 솔직하게 답했다.

"지금은 친구들과 찍은 사진을 페이스북에 올리는 정도인데요. 책을 출판하고 나서부터는 열심히 해보려고요. 책 홍보해야죠."

편집장이 듣고 싶은 대답은 아니었던 듯했다. 그는 아쉬움이 서린 목소리로 말했다.

"요즘은 SNS에서 팔로워가 없으면 책이 안 팔리는데….."

물론 내가 SNS 활동을 열심히 하지 않은 것이 출간을 거절한 직접적인 이유는 아니었다. 그럼에도 한 가지 생각이 스쳤다. '내가 SNS에서 많은 팔로워를 보유했더라면 책을 출판해주지 않았을까?'

그날부로 '브랜드보이'라는 필명을 만들었다. 본격적인 SNS 활동에 돌입했다. 직장 생활을 하는 틈틈이 '팔리는 브랜드'에 대한 뉴스를 페이스북에 공유했다. 장문의 글은 브런치에 올렸다.

내가 쓴 글을 처음에는 지인들만 읽다가, 서서히 독자들이 늘어났다. 글에 대한 좋은 평가가 이어졌다. 본업 외의 딴짓 덕분에 회사 일도 더 잘하게 되는 선순환이 일어났다.

그리고 희한한 일이 벌어지기 시작했다. 근 5년간 페이스북과 커리어리, 브런치에 꾸준히 콘텐츠를 올린 결과 총 10만 명이 넘는 구독자가 생겼다. 강연과 인터뷰 요청이 쇄도했다. 트레바리, 퍼블리, 윌라 등 핫한 회사로부터 협업 제안을 받았다. 2019년에는

브랜드보이의 첫 책 《드디어 팔리기 시작했다》.

마침내 《드디어 팔리기 시작했다》라는 첫 책을 출간할 수 있었다. 책은 9쇄를 찍으며 베스트셀러이자 스테디셀러로 자리 잡았다.

이왕 이렇게 된 김에(?) 나는 안정적인 직장을 벗어나는 실험을 감행했다. 10여 년간의 월급쟁이 생활을 종료하고 프리랜서로 전향한 것이다. 온전히 브랜드보이 활동에만 집중하기 위해서였다. 브랜드보이라는 미디어를 성실하게 키워온 덕분에 '지를 수' 있었다.

I AM MEDIA

1%.

요즘 출판사에 원고를 투고하면 책으로 출간될 확률이란다. 코로나 집콕으로 출판사의 투고량이 폭발적으로 증가한 결과다. 작가로 데뷔하는 건 낙타가 바늘구멍을 통과하는 것만큼 어렵다.

그런데 정작 출판사들은 다른 소리를 한다. 실력 있는 작가를 구하기가 너무 어렵단다. 투고 원고의 80%는 메일 본문에 달랑 책 제목과 저자 신상만 적혀 있을 정도로 성의가 없단다.

무엇보다 요즘은 전 국민이 스마트폰만 들여다보는 시대다. 책을 사서 읽는 독자가 급감했다. 그런데도 하루에만 170종 이상의 신간이 쏟아져 나온다. 그중 베스트셀러가 되는 책은 기껏해야 연간 100여 종 남짓이다. 이 말은 대부분의 책은 찍을수록 손해를 보는 구조라는 것이다. 이에 출판사들은 안전한 선택지로 향한다. 실력이 검증됐거나 이름값이 있는 작가에게만 제안이 몰린다. 그러면 적어도 책을 내는 데 드는 비용은 건질 수 있을 테니까. 이런 암울한 상황을 나타내는 수치가 바로 '투고 성공률 1%'다.

그럼 자신의 글을 책으로 출판하려는 사람들은 이제 어떻게 해야 할까? 출판사를 통해서 작가로 데뷔하겠다는 꿈은 이쯤에서 접는 것이 좋을까?

절대로 아니다. 누구나 출판사에서 책을 낼 수 있다. 투고 성공률을 1%에서 100%로 끌어올리는 확실한 방법이 있다.

'I AM MEDIA.'

스스로 미디어가 되는 것이다. 내가 생산한 콘텐츠를 페이스북, 인스타그램, 브런치, 유튜브 같은 채널에 꾸준히 업로드해본다. 그 콘텐츠를 보기 위해서 찾아오는 사람들이 늘어난다. 그렇게 한 개인은 '팔리는 미디어'가 된다.

2006년 〈타임〉이 선정한 '올해의 인물'을 기억하는가?

'당신You'이었다.

2006년 〈타임〉이 선정한 '올해의 인물' 커버. 몇 수 앞서서 미래를 내다본 〈타임〉의 저 혜안을 보라!(출처: 〈타임〉)

예전에는 방송국과 신문사만 미디어였다. 고등교육을 받고, 시험으로 뽑힌 소수의 전문가만 콘텐츠를 생산할 수 있었다. 방송국이 프로그램을 송신하면 다수의 사람은 일방적으로 수신해야만 하는 구조였다.

그런데 세상이 달라졌다. 이제는 온라인 세상에서 모든 사람이 연결되어 있다. 우리 모두는 정보의 수신자이자 적극적인 참여자다. 누구나 콘텐츠를 만들어 공유할 수 있게 됐다. 한 개인이 미디어가 되어 방송국과 경쟁할 수 있게 된 것이다!

근래에 엄청난 인기를 끈 유튜버들을 보라.

- 고졸 출신의 직장인은 게임 중계로 '유튜브의 신'이 됐다.(대도서관)
- 치매를 걱정하던 할머니는 손녀의 도움을 받아 구글이 주목하는 빅 셀럽이 됐다.(박막례)
- 유튜브에서 와인 리뷰를 하던 청년은 매년 1,000억 원을 버는 소셜미디어 회사의 대표가 됐다.(게리 바이너척)
- 방송가에서 일거리를 찾지 못한 개그맨들은 유튜브에서 힘을 키워 지상파 방송을 점령했다.(피식대학)
- 월세를 걱정하던 경제 방송사의 피디는 월수입 3억 원의 경제 유튜버가 됐다.(신사임당)

모두 스스로 미디어가 된 자들이 일군 성취다. 그리고 이들 유튜버는 출판 시장까지 점령했다.

- 《나의 하루는 4시 30분에 시작된다》(김유진)

- 《박막례, 이대로 죽을 순 없다》(박막례, 김유라)

- 《킵고잉》(신사임당)

- 《김미경의 리부트》(김미경)

- 《프리워커스》(모빌스 그룹)

전부 유튜버가 쓴 책들이다. 하나같이 베스트셀러가 됐다. 이를테면 '신사임당'이라는 미디어의 구독자가 그 유튜버의 책 《킵고잉》까지 구입했기 때문이다.

최근 출판사에서 눈에 불을 켜고 찾는 사람도 '스스로 미디어가 된' 이들이다. 구독자 10만 명이 넘어가는 유튜버는 대부분 출판사로부터 출간 제의를 받는다. 어느 대형 출판사는 스타 유튜버를 섭외하는 전담팀까지 꾸렸다.

직원들이 돈을 내며 일하는 회사

심지어 요즘엔 출판사 편집자도 스스로 미디어가 되는 추세다. 일본의 출판 편집자 미노아 고스케가 대표적이다. 미노아 고스케는 1년에 100만 부 이상의 책을 팔아치우는 편집자로 유명하다.

해마다 100만 부 이상의 책을 판매하는 출판 편집자 미노아 고스케.(출처: 21세기북스)

그는 일본의 대형 출판사 겐토샤 직원이다. 그러나 직장인이기 이전에 '브랜드'이자 '미디어'다. 책 만드는 일 외에도 책 집필, 상품 기획, 컨설팅, 강연 등을 병행한다. 동시에 진행되는 일이 늘 10건 이상이다. 그가 쓴 책 《미치지 않고서야》는 베스트셀러가 됐다. 유명 스타만 출연한다는 산토리 맥주 광고에도 모델로 등장했다.

그런데 미노와 고스케는 이 모든 일을 혼자서 하지 않는다. 미노와

미노아 고스케는 산토리 맥주 광고 모델로도 출연했다. 산토리 광고에 출판 편집자가 등장한 최초의 사례였다.(출처: 산토리 광고)

기획실의 도움을 받는다. 미노와 기획실은 매달 5,940엔의 정액제로 운영되는 온라인 살롱으로, 회원들은 '자발적으로' 미노와가 맡은 프로젝트를 돕는다. 미노와가 만든 책을 홍보하거나 서점에 공급할 패널을 디자인하는 식이다. 회원이 돈을 지불하면서 노동력까지 제공하는 희한한 살롱이기에 '광신도 비즈니스'라는 비난을 듣기도 한다.

그럼에도 미노와 고스케는 당당히 이야기한다. 미노와 기획실의 회원들은 돈이 아닌 즐거움과 재미를 위해 일하고, 각자가 성장의 기쁨을 맛보고 있다고. 앞으로는 이런 온라인 살롱 방식이 주류가 될 거라고. 1,300여 명의 회원(2019년 기준)이 미노와 기획실에 돈을 '내며' 일한다.

미노와 고스케가 부업으로 벌어들이는 수입은 회사 월급의 20배 이상이다(회사를 그만둘 의향이 없느냐는 질문을 받을 때마다 그는 인재, 자본, 인프라를 갖춘 회사의 장점을 이용하기 위해서 그만두지 않는다고 답한다). 비결은 하나, 그 스스로 미디어가 되어 사람들을 모이게 했기 때문이다.

회원이 돈을 지불하면서 노동력까지 제공하는 미노와 기획실.(출처: 21세기북스)

232

덕후 전성시대

이렇듯 'I AM MEDIA'는 시대정신이다. 개인 미디어가 방송국과 맞짱 뜰 수 있는 놀라운 세상이다. 여섯 살짜리 유튜버의 수입이 임직원 1,700명인 MBC의 수익을 넘어섰다는 소식도 들려온다.

물론 개인이 미디어가 된다고 해서 전부 팔리는 미디어가 될 수 있는 건 아니다. 자신만의 독보적인 콘텐츠가 있어야 한다. 그리고 이런 콘텐츠를 만드는 데 절대적으로 유리한 사람들이 있다. 한 분야에서 끝을 보는 '덕후'다. 이를테면 영화감독 쿠엔틴 타란티노와 곤도 마리에 같은 사람이다.

쿠엔틴 타란티노는 '덕질로 가장 성공한 영화 오타쿠', '걸어 다니는

영화 덕후로 유명한 쿠엔틴 타란티노 감독. 압도적인 덕력으로 세계적인 영화감독의 반열에 올랐다.(출처: Wikimedia Commons)

영화 백과사전'으로 불린다.

타란티노 감독에 대한 주변 사람들의 증언도 재미있다.

당신이 영화를 얼마나 좋아하고 얼마나 많이 봤든지 간에 타란티노의 영화 지식은 당신을 뛰어넘을 것입니다. − 브래드 피트, 영화배우

타란티노의 집에 가서 느낀 건 내가 영화에 대해 얼마나 모르는가 하는 거였어요. '난 그냥 닥치고 있어야겠구나'라고 생각했죠. − 채닝 테이텀, 영화배우

물론 타란티노의 저 덕력이 공짜로 얻어진 건 아니다. 그는 중학생 무렵 첫 영화 대본을 완성했다. 영화 일을 하고 싶어서 열여섯 살에 학교를 중퇴하고 포르노 영화관에서 알바를 했다. 이후 비디오 가게 점원으로 일하며 영화에 대한 방대한 지식을 쌓았다. 주말에는 16밀리미터 필름 카메라로 영화를 찍으러 다녔다. 그가 영화를 만들어 제대로 된 돈벌이를 하기까지 8년여의 시간이 걸렸다.

영화광 쿠엔틴 타란티노가 학교에서 정식으로 영화를 공부한 적은 없다. 대신 그는 스피노자의 말처럼 '깊게 파기 위해서 넓게 팠다.' 매년 200편이 넘는 영화를 보고 분석했을 정도다. 그 과정에서 타란티노는 자신이 어떤 영화를 만들고 싶은지 확실히 알게 됐다. 어떤 스토리의 각본을 써야 하는지, 어떤 스타일로 연출해야 하는지, 어느 배우가 출연해야 하는지…(B급 영화에서 단역으로 출연한 배우를 눈여겨봤다가

〈킬빌〉의 배우로 캐스팅하는 식이었다. 그런데 정작 타란티노가 출연을 제안한 그 배우는 자신이 그 영화에 출연했는지조차 기억을 못 했다).

마침내 타란티노에게 영화를 연출할 기회가 주어지자 그는 덕력으로 쌓은 내공을 드러내기 시작했다. 〈저수지의 개들〉, 〈펄프 픽션〉, 〈킬빌〉, 〈바스터즈: 거친 녀석들〉, 〈장고: 분노의 추격자〉, 〈헤이트풀 8〉 같은 명작들을 쏟아냈다. 영화는 흥행에도 성공하며 전 세계에서 '타란티노 덕후'들을 양산했다. 타란티노의 말을 들어보자.

"제가 영화를 만들 때 생각하는 관객은 한 사람입니다. 저 자신입니다. 그리고 저는 제가 어떤 영화를 보고 싶은지 잘 알고 있습니다."

쿠엔틴 타란티노가 증명한바 덕후의 창작 샘은 쉽게 마르지 않는다. 한 분야를 깊이 파고들어 대가들의 작품을 섭렵하고 자신의 것으로 흡수한다. 그 과정에서 자신이 무엇을 좋아하는지, 어떤 콘텐츠를 창작하고 싶은지 분명히 알게 된다. 그리고 덕후 대다수는 자기 작품을 다른 이들과 공유하고 싶다는 본능을 지니고 있다! 덕후라는 사실 자체가 팔리는 미디어가 될 수 있는 최고의 소질인 셈이다.

전 세계에 정리 열풍을 일으킨 '정리의 여왕' 곤도 마리에도 덕력으로 성공한 인물이다. 그녀는 다섯 살 때부터 정리에 빠진 '정리 덕후'였다. 중학교 3학년 때 《버리는 기술》이라는 책을 읽고 정리에 눈을 떴다. 정리의 핵심이 '버리기'라는 사실을 터득했다.

그때부터 오빠 방, 여동생 방, 거실, 주방, 욕실, 학교 교실, 청소도

구함을 정리했다. 누가 시킨 일도, 돈을 벌고자 하는 일도 아니었다. 사실 그녀는 정리가 돈이 될지 어떨지도 몰랐다. 단지 정리가 좋아서, 정리를 더 잘하고 싶기 때문에 한 일이었다.

대학교 2학년 때부터 정리가 돈이 되기 시작했다. 친구들의 물건을 정리해주고 용돈을 벌었다. 대학을 졸업한 후에는 인력회사에 재직하면서 부업으로 정리 일을 계속했다. 5시간 동안 정리를 하고 1만 엔을 받았다. 그렇게 이 일로 생계를 유지할 수 있겠다는 확신이 들자, 회사를 그만두고 정리를 본업으로 삼았다.

그때부터 곤도 마리에는 여러 미디어를 통해 자신만의 정리법을 전파하는 일에 힘을 쏟았다. 오랫동안 연마해온 정리 노하우를 담아《정리의 힘》을 썼고, 이 책은 전 세계에서 1,200만 부가 팔렸다.

그녀가 출연한 넷플릭스 영상 '설레지 않으면 버려라'는 190개 국

다섯 살 때부터 '정리'를 깊게 파고든 소녀는 훗날 세계적인 스타가 됐다.(출처: 넷플릭스)

가에서 방영됐다. 이 프로그램으로 인해 미국 전역에서 '곤도 마리에' 신드롬이 일어났다. '곤마리하다to konmari(정리하다)'라는 신조어가 생길 정도였다. 다섯 살 때부터 정리를 훈련해온 정리 덕후의 덕력이 미디어를 만나자 메가톤급 폭발력을 낸 것이다.

쿠엔틴 타란티노나 곤도 마리에 같은 성공한 덕후들에게는 일정한 패턴이 있다.

'자신이 좋아하고 잘하는 분야를 발견한다. 덕질을 통해서 점점 실력이 늘어난다. 전문가가 된다. 덕질로 얼마간의 돈을 번다. 덕질이 업이 된다. 다양한 미디어에 노출된다. 그들을 찾는 사람들이 늘어나고, 스스로 팔리는 미디어가 된다. 결국 성공한다.'

혹시 주변에 덕질에 깊이 몰입하는 이가 있으신가? 분야를 불문하고 나무라거나 무시하는 대신 일단 그를 인정해주기 바란다. 지금은 쿠엔틴 타란티노, 곤도 마리에 같은 덕후들이 세상을 이끄는 덕후 전성시대니까. 당신 주변에 있는 그 희한한 덕후들이 사실은 성공할 가능성이 가장 큰 사람들이니까 말이다.

SNS 열심히 하세요?

출판사 투고 성공률을 1%에서 100%로 끌어올리는 법, 이제 알겠는가?

자신이 좋아하는 분야를 끝까지 파고들어 본다. 종이비행기, 민요, 영화, 스니커즈, 짠순이 재테크…. 덕질을 사진이나 영상으로 기록해 유튜브나 인스타그램, 틱톡 등에 올려본다. 그렇게 자신의 콘텐츠를 애정하는 팔로워를 모은다. 국내외에서 팔리는 미디어가 된다. 끝.

그렇게 하면 출판사의 높은 담장을 넘을 수 있다. 아니, 책을 내고 싶지 않아도 출판사에서 먼저 찾아와 매달릴 것이다. 그뿐만이 아니다. 인터뷰와 강연 요청을 받는다. 여러 회사로부터 협업 제안이 들어온다. 방송국의 섭외 전화를 받는다. 광고도 들어온다. 모두 나 브랜드보이가 직접 체험한 내용이다.

내가 5년 전에 받았던 그 질문을 당신에게 건넨다.

"SNS 열심히 하세요?"

창조자와 모방자를 섞어라

피카소처럼 창조하는 법

프로처럼 배우고, 예술가처럼 훔쳐라

하늘 아래 새로운 것은 없다. – 전도서 1장 9절

20세기를 대표하는 천재 파블로 피카소는 엘리트 교육의 수혜자였다. 일곱 살 때까지는 미술 교사였던 아버지에게 드로잉 교육을 받았다. 열 살에는 아버지가 그린 그림의 세부적인 부분을 완성했고, 열두 살에는 (피카소에 따르면) 라파엘로만큼 그릴 수 있게 됐다. 열여섯 살에는 산페르난도 왕립미술학교에 입학해 당시 스페인의 미술학교에서 열린 모든 콩쿠르에서 입상했다. 열여덟 살에는 자신만의 그림을 그리고자 학교를 중퇴했다.

그러나 그때까지 피카소가 그다운 그림을 그린 것은 아니었다. 1901년 파리 볼라르 갤러리에서 열아홉 살 청년 피카소의 첫 개인전이 열렸을 때도 그랬다. 이 전시는 우리가 알고 있는 '독창적인 피카소'가 아닌 아주 재능 있는 '모사 화가'의 개인전이었다.

고야나 벨라스케스 같은 스페인의 걸출한 화가들을 모방하는가 싶으면, 다음
작품에서는 엘 그레코의 영향이 느껴지고, 몇 작품 더 보다 보면 인상주의나 후기
인상주의 화가들을 명백히 모방하고 있었다.   – 윌 곰퍼츠, 《발칙한 예술가들》

　스페인 출신의 이 촉망받는 화가가 사실은 기계처럼 대가들의 작품
을 흉내 내고 있었던 것이다. 누군가는 그랬다. 만약 피카소가 1901
년 초여름, 자신의 첫 전시회가 끝난 후에 죽었더라면 현대미술사에
하나의 각주로밖에 남지 않았을 거라고.

　다행히 피카소는 훌륭한 모사 화가에서 멈출 생각이 없었다. 당장
돈과 명성을 얻지 못하더라도 자신만의 그림을 그리고 싶었다. 그때
부터 그는 다른 화가들의 그
림을 흉내 내는 일을 멈췄다.
선배 화가들에게 습득한 스타
일을 피카소라는 필터를 거쳐
서 내보냈다.

　그리고 7년 뒤 〈아비뇽의
처녀들〉이 탄생했다. 피카소
가 스물여섯에 완성한, 회화
의 전형을 깨부순 작품이었
다. 이 작품으로 미술사에서
가장 파격적 혁명이라고 불리

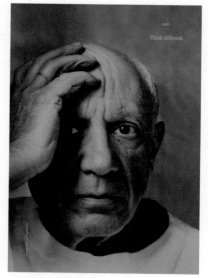

**현대미술의 혁명가 피카소도 처음에는 모사 화가로
출발했다.**(출처: 애플 광고)

는 '큐비즘'이 시작됐다. 창작의 주체가 자연과 사물에서 인간의 사고로 넘어왔다. 피카소를 기점으로 '보는 대로' 그리는 것이 아니라 본인이 '생각하는 대로' 그리는 시대가 열렸다.

표절의 제왕 피카소?

〈아비뇽의 처녀들〉은 누가 뭐래도 피카소의 작품이다. 그러나 엄밀히 말해 피카소 혼자만의 작품은 아니다. 이 그림은 피카소가 영향을 받은 수많은 화풍으로 가득하다. 다만 그가 초창기에 선보인 모사 작품들과는 차이가 있다. "좋은 예술가는 모방하고, 위대한 예술가는 훔친다"라고 말했던 그답게, 피카소는 〈아비뇽의 처녀들〉에서 선배 화가들의 작품을 훔쳤다(피카소의 저 유명한 말도 사실은 프랑스 계몽주의 작가 볼테르의 '독창성이란 현명한 모방에 불과하다'라는 말을 훔친 것이다).

폴 세잔의 〈사과 바구니〉에서 고정된 시점에 반하는 '다시점'을 훔쳤다. 앵그르의 〈터키탕〉에서 긴 허리, 꼬인 듯한 하체처럼 '왜곡된 형태'를 훔쳤다. 엘 그레코의 〈다섯 번째 봉인의 개봉〉에서 인체의 포즈와 색감을 훔쳤다. 마티스의 〈삶의 기쁨〉에서 색채를 훔쳤다. 그리고 아프리카의 조각에서 원시적인 표현 기법까지 훔쳤다.

윌리엄 더건 미국 컬럼비아대 경영대학원 교수는 '훔치다'의 의미를 '남들에게서 가져온 아이디어를 결합하는 것'이라고 해석했다. 더건

전 세계에서 이름난 화가들의 화풍이 합쳐진 짬뽕 그림 〈아비뇽의 처녀들〉(출처: MoMA 웹사이트)

교수에 따르면 '모방'은 다른 사람이 한 것을 그대로 따라 하는 것이다. 반면, '훔치는 건' 다른 이들의 아이디어를 가져다가 섞는 것이다. 단, 티가 나지 않게.

모사 화가 출신의 피카소는 아무런 영향도 받지 않은 순수한 독창성은 존재하지 않는다는 것을 잘 알고 있었다. 그래서 그는 위대한 거장들의 작품을 '훔쳐서' 자기 작품에 티 안 나게 섞었다. 그때부터 피카소는 '현대미술의 위대한 창시자'로 불리게 됐다.

쿠엔틴 타란티노가
비디오 가게에서 일한 이유

자신만의 세계를 완성한 창조의 대가들은 하나같이 '피카소 코스'를 밟는다. 먼저 프로처럼 배운다. 이때는 다양한 작품을 모방하며 기본기를 익히는 시간이다. 할리우드 역사상 가장 독창적인 스타일의 감독으로 꼽히는 쿠엔틴 타란티노에게 그건 비디오 가게에서 일한 시간이었다.

비디오 가게에서 타란티노는 수천 편의 영화를 공짜로 봤다. 하워드 혹스, 세르지오 레오네 같은 거장 감독의 영화에서부터 삼류 포르노 영화까지 가리지 않고 흡수했다. 이때가 바로 '깊게 파기 위해서 넓게 판' 시간이었다.

프로처럼 배운 다음은 예술가처럼 훔치는 단계다. 타란티노는 청년기에 파고들었던 영화를 재료로 활용했다. 거장들의 아이디어를 가져다가 자신의 영화에 노련하게 섞었다. 〈저수지의 개들〉을 만들 때는 임영동 감독의 〈용호풍운〉과 세르지오 코르부치 감독의 〈장고〉를 훔쳤다. 〈펄프 픽션〉은 장뤼크 고다르 감독의 〈국외자들〉과 페데리코 펠리니 감독의 〈8과 1/2〉, 앨프리드 히치콕 감독의 〈싸이코〉, 로버트 알드리치 감독의 〈키스 미 데들리〉를 훔친 작품이었다.

쿠엔틴 타란티노는 프랑스 영화 〈8과 1/2〉에서 댄스 신을 훔쳐 〈펄프 픽션〉에 삽입했다.(출처: 〈8과 1/2〉, 〈펄프 픽션〉)

타란티노는 〈킬빌〉을 만들 때도 대도大盗의 실력을 보여줬다. 기모노를 입은 루시 리우가 새하얀 설원에서 싸우는 장면은 일본 영화 〈수라설희〉에서 훔쳤다. 애꾸눈 엘 드라이버라는 배역은 스웨덴 영화 〈애꾸라 불린 여자〉에서 훔쳤다. 주인공 우마 서먼의 유니폼은 이소룡 주연의 〈사망유희〉에서 훔쳤다(심지어 이소룡이 신었던 오니츠카 타이거의 신발까지도 훔쳤다). 영화 중간중간에 나오는 효과음은 홍콩 영화사 쇼 브러더스의 사운드를 훔쳤다.

쿠엔틴 타란티노가 〈킬빌〉에서 〈수라설희〉를 오마주한 장면. 기모노를 입은 여자가 눈발이 날리는 가운데 피비린내 나는 격투를 벌인다.(출처: 〈수라설희〉, 〈킬빌〉)

쿠엔틴 타란티노의 고백이다.

"내 작품에 뭔가 중요한 게 있다면, 그건 내가 이곳과 저곳과 그곳에서 가져와 뒤섞은 겁니다."

타란티노는 수천 편의 영화에서 훔친 아이디어로 '타란티노 풍'을 창조해냈다. 그가 훔친 장면을 두고 언론에서는 '오마주'라는 말로 고급스럽게 표현했다.

카니예 웨스트가
1990년대 힙합을 카피한 이유

미국 힙합 음악계에도 쿠엔틴 타란티노와 같은 대도가 있다. '샘플링의 귀재'라고 불리는 래퍼이자 프로듀서 카니예 웨스트다.

카니예 웨스트는 샘플링을 무기로 미국 힙합 신뿐만 아니라 팝 음악계 전체에서 정상에 오른 인물이다. 샘플링은 '기존 음악의 일부분을 빌려와 자기 음악의 재료로 삼는 행위'를 뜻한다. 샘플링의 관건은 타인의 음원을 얼마나 티 안 나게 훔치느냐 하는 것이다. 원곡의 일부분을 별다른 응용 없이 그대로 따오는 건 표절

샘플링으로 다른 이의 곡을 훔치는 미국 힙합 음악계의 대도, 카니예 웨스트.(출처: Wikimedia Commons)

이다. 반면, 원곡을 재창조해 창작곡의 적절한 위치에 배치하는 건 샘플링이다.

카니예 웨스트의 장기는 '원곡이 떠오르지 않으면서 원곡의 느낌은 그대로 드러나는' 샘플링이다.

- 카니예는 한물간 옛 소울음악을 가져다가 보컬의 피치와 속도를 올려 칩멍크 사운드를 창조했다('칩멍크'는 다람쥐의 일종을 뜻하는 단어로, 곡의 피치를 높이면 다람쥐가 내는 소리와 흡사해져 붙은 이름이다).
- 프랑스의 일렉트로닉 듀오 다프트 펑크의 명곡 'Harder Faster Stronger'를 재해석해 힙합과 일렉트로닉을 섞었다(재미있는 건 'Harder Faster Stronger' 또한 미국의 디스코 가수 에드윈 버드송이 1979년에 발표한 'Cola Bottle Baby'를 샘플링한 곡이었다는 사실이다).

역사상 최고의 힙합 앨범으로 꼽히는 카니예 웨스트의 5집 〈My Beautiful Dark Twisted Fantasy〉는 전설적인 뮤지션들의 각기 다른 장르로 가득 채운 앨범이다.

컨티넌트 넘버 식스의 펑크, 킹 크림슨의 프로그레시브 록, 마이크 올드필드의 뉴에이지, 블랙 사바스의 헤비메탈….

카니예 웨스트는 힙합뿐 아니라 여러 장르의 음악을 샘플로 끌어와 카니예 스타일로 요리했다. 그렇게 힙합 음악의 한계를 뛰어넘었다. 음악 전문지 〈롤링 스톤〉을 비롯해 스핀, 빌보드, MTV, 피치포크가

2010년의 베스트 앨범 1위로 카니예 웨스트의 이 앨범을 꼽았다.

그럼 카니예 웨스트의 샘플링 실력은 어떻게 길러진 것일까? 그의 동료 뮤지션 싸하이 더 프린스의 증언에 답이 있다.

"카니예는 1991년부터 1999년에 나온 모든 힙합 앨범을 재현해봤다고 하더라고요. 이를테면 나스Nas 앨범의 모든 비트를 자기가 다시 만들어본 거죠. 카니예는 이전 아티스트들의 음악을 다시 만들어보면서 비트 만드는 방법을 독학한 거예요."

샘플링의 귀재 카니예 웨스트의 시작도 모방이었다. 쿠엔틴 타란티노가 비디오 가게에서 수천 편의 영화를 씹어먹은 것처럼, 그 또한 1990년대 힙합 음악을 수없이 재현해보는 모방 훈련을 거친 것이다.

1990년대에 나온 모든 힙합 음악을 재현해본 카니예 웨스트.(출처: Wikimedia Commons)

그래서 작곡가 카니예 웨스트는 무에서 출발하지 않는다. 쿠엔틴 타란티노가 고전 영화를 참고해 영화를 만들듯이, 카니예는 자신이 만들려는 곡과 비슷한 느낌을 내는 힙합 비트부터 찾는다. 그렇게 발굴한 몇 마디를 가지고 음정과 BPM을 조절해 곡을 만든다.

그런 면에서 카니예 웨스트도 '피카소 코스'를 충실하게 이행한 아티스트라고 할 수 있다. 무수히 많은 힙합 음악을 카피하면서 자신만의 음악 아카이브를 구축했다. 그중에서 쓸 만한 곡을 가져다가 카니예화했다. 그렇게 모두에게 '친숙하면서도 낯선' 곡을 발표해 팝 음악계를 평정했다.

모방하고 창조하라

이처럼 시대를 바꾼 천재들은 모두 모방자인 동시에 창조자였다. 셰익스피어는 아서 브룩의 서사시 '로메우스와 줄리에트의 비극적 역사'를 각색해 《로미오와 줄리엣》을 만들었다. 발명왕 토머스 에디슨은 제임스 린지, 조지프 스완이 고안한 전구를 가져다가 살짝 개선해서 상용화했다. 그러고는 "나는 발명할 때 나 이전의 마지막 사람이 멈추고 남겨놓은 것에서 출발한다"라는 희대의 명언을 남겼다.

스티브 잡스도 피카소의 창작 방식을 받아들인 수제자다. 그는 제록스의 팰로앨토 연구소를 방문했을 때 그래픽 유저 인터페이스 아이디어를 훔쳐서 애플의 매킨토시 컴퓨터를 만들었다. 그런데 잡스의 라이벌 빌 게이츠가 이걸 또 훔쳤다. 매킨토시의 운영체계os를 베껴서 윈도를 만든 것이다. 훔치고, 또 훔치고, 그걸 숨기고…. 이것이 IT의 역사를 바꾼 두 천재 경영자들의 창조 레시피였다.

"모방은 본능이다."

1981년 미국의 발달심리학자 앤드루 멜조프가 발견한 사실이다. 멜조프는 태어난 지 42분밖에 되지 않은 아기가 자신을 따라서 혀를 내미는 걸 보고는 이 사실을 발견했다. 그리고 10년 후 이탈리아 파르마대학교의 자코모 리촐라티 교수는 인간의 뇌 속에 다른 이의 행동을 관찰하고 동일하게 반복하는 거울 신경세포가 있음을 발견해 모방 본능에 대한 신경학적 근거를 제시했다. 즉, 사람은 누군가를 모방하면서 인간 사회의 구성원으로 성장한다. 부모를, 친구를, 선생님을, 책의 저자를, 멘토를, 연예인을….

창조성이 화두인 시대에도 모방의 가치는 결코 희석되지 않는다. 파블로 피카소, 쿠엔틴 타란티노, 카니예 웨스트, 스티브 잡스 같은 모방의 대가이자 창조의 대가들이 이 사실을 증명한 것처럼.

위대한 창조자가 되고 싶은가? 모방하는 데서 시작하라. 음악가가 되고 싶다면 거장의 멜로디를 그대로 연주해보라. 작가 지망생은 좋아하는 소설을 읽으면서 문체를 습득하고, 화가 지망생은 피카소가 그러했듯 걸작을 따라 그려야 한다. 자신이 선망하는 누군가에 필적할 만한 실력을 지닐 때까지 모방에 전념한 후, 자신만의 생각을 한 스푼 섞어 '익숙한 새로움'을 창조하는 것이다.

여기에 스티브 잡스도 훌륭한 가이드라인을 제시해준다.

"당신을 인간이 지금까지 해온 최고의 것들에 노출하세요. 그 최고의 것들을 당신이 지금 하고 있는 것 안으로 가져오는 게 중요합니다."

지금부터 주변을 잘 살펴보시길. 다른 사람의 아이디어 중 훔칠 만한 것이 무엇인지 찾아보라. 훔친 후에 티 안 나게 섞으면 그건 당신 것이 된다.

세일즈맨과
디자이너를
섞어라

인스타그램으로 확실히 돈 버는 법

요즘 디자이너의 조건

나는 디자이너다. 그런데 좀 희한한 디자이너다. 정식으로 디자인 교육을 받은 적이 없다. 곰손이라 그림을 잘 그리지도 못한다. 포토샵을 다루는 능력도 초급에 불과하다. 그럼에도 나는 스스로를 디자이너라고 믿는다. 'UX 디자인의 창시자'로 불리는 도널드 노먼의 말 때문이다.

"자리에 앉아서 커피잔, 연필, 읽던 책 그리고 사용할 종이를 어디에다 둘지 결정한다면 우리는 디자인을 하고 있는 것이다."

노먼에 따르면, 전문적으로 디자인을 배운 사람만 디자이너인 것은 아니다. 평소에 아름답고 실용적인 무언가를 만드는 '우리 모두가 디자이너'다. 우리는 평소에 가구를 배치하고, 화분을 놓는 등 집을 꾸미는 공간 디자인을 한다. 좋아하는 사진, 음악, 동영상을 SNS에 올리는 UX 디자인을 한다. 유튜브 섬네일에 간단한 그림을 그려 넣는 일러스트 디자인을 하기도 하고, 때와 상황에 맞게 입을 옷을 믹스매치하는 패션 디자인도 한다. '디자인'이라는 용어만 사용하지 않았을 뿐 우리 삶에서 이뤄지는 이 모든 행위가 전부 디자인인 것이다.

인지과학의 대부이자 UX 디자인의 개척자 도널드 노먼은 말한다. "우리 모두는 디자이너다."(출처: Wikimedia Commons)

　오늘도 아름답고 실용적인 무언가를 창조했는가? 아니, 오늘 아침에 책상 정리를 끝마쳤는가? 당신은 디자이너다.

당신은 세일즈맨이다

당신이 디자이너라는 사실을 자각해야 하는 이유가 있다. 당신과 내가 매 순간 무언가를 팔아야 하는 세일즈맨이기 때문이다. 미국의 미래학자 다니엘 핑크는 이 시대의 세일즈맨을 이렇게 정의했다.

　'다른 사람의 마음을 움직여서 자신이 원하는 바를 이루고자 하는 사람들.'

　대통령은 정책과 비전을 파는 세일즈맨이다. 소설가는 스토리를 파는 세일즈맨이다. 목사는 설교를 파는 세일즈맨이고, 취업 준비생은 자신이 지닌 미래의 가능성을 파는 세일즈맨이다.

나는 매일 아침 아홉 살짜리 딸에게 야채주스를 파는 세일즈맨이다. 이 야채주스를 마셔야 (딸아이가 요즘 푹 빠져 있는) 아이유 언니처럼 예뻐질 거라는 '꿀'을 더해서 판다(탁월한 세일즈맨으로 거듭나는 방법은 브랜드보이의 전작 《드디어 팔리기 시작했다》를 읽어보기를 권한다).

당신이 자신을 디자이너로 인식해야 하는 이유도 '잘 팔기 위해서'다. 이 시대 최고의 세일즈맨은 디자이너이기 때문이다. 디자이너는 보암직하고 사용하기 좋은 무언가를 만들어 상대방의 마음을 파고드는 사람이다. 디자이너는 공급자가 아닌 수용자 관점에 서는 역지사지에 능한 이들이다. 한마디로, 이들은 '디자인 씽킹'에 능한 사람이다.

세계적인 디자인 컨설팅 회사 IDEO의 CEO 팀 브라운은 '디자인 씽킹'에 대해 다음과 같이 정의한다.

'소비자들이 가치 있게 평가하고, 시장의 기회를 이용하는 비즈니스 전략을 위해 디자이너의 감수성과 작업 방식을 이용하는 사고방식.'

즉, 디자인 씽킹은 디자이너가 세일즈맨처럼 생각하는 것이다. 소비자들이 원하는 제품을 만들어서 잘 파는 능력이다.

근래에 전 세계적으로 핫한 브랜드를 이끈 경영자 중에 유독 디자이너 출신이 많은 것도 이들이 디자인 씽킹을 할 수 있어서다. 에어비앤비를 창업한 브라이언 체스키는 대학에서 산업디자인을 전공했다. 14년 동안 나이키의 CEO를 역임한 마크 파커는 운동화 디자이너였다. 토스터로 유명한 발뮤다의 창업자 타라오 겐은 록 밴드에서 활동하다가 뒤늦게 제품 디자이너가 된 인물이다.

자타공인 '경영하는 디자이너'로 유명한 배달의민족 창업자 김봉진 대표도 디자이너 출신이다. 그의 디자인론을 들어보자.

"이제 디자인은 단순히 조형적·시각적인 것을 의미하는 것이 아니라 하나의 개념이에요. '사람들의 마음을 어떻게 움직일 것인가?' 디자인은 명확한 전략과 비전을 기획하고 크리에이티브를 발현하는 브랜딩의 영역으로 확장된 것이죠."

김 의장에 따르면 '사람의 마음을 움직이는 기술'이 곧 디자인이라는 것이다(이건 다니엘 핑크가 내린 세일즈의 정의와 완벽히 일치한다). 즉, '세일즈'와 '디자인'은 동의어다. 세일즈를 잘한다는 건 디자인을 잘한다는 뜻이다. 그 반대의 경우도 마찬가지다.

기억하라. 당신은 세일즈맨이다. 당신은 디자이너다.

배달의민족을 창업한 '경영하는 디자이너' 김봉진 의장.(출처: 유튜브 '배달의민족')

앞으로 당신은 디자이너이자 세일즈맨으로서 디자인을 음미하고 곱씹어볼 수 있을 정도의 능력을 갖춰야 한다. 상대방의 마음을 움직일 방법을 늘 고민해야 한다. 그래야 물건을 팔 수 있다.

일본의 국민서점 쓰타야의 창업자 마스다 무네아키는 개인을 넘어 기업이 해야 할 일까지 알려준다.

"기업은 모두 디자이너 집단이 되어야 한다. 그러지 못한 기업은 앞으로 비즈니스에서 성공할 수 없다."

요즘에 한 브랜드를 성공시키려면 감각 있는 디자이너 몇 사람을 두는 것만으로는 부족하다는 말이다. 직원들 전체가 디자이너 마인드로 무장해야 한다. 기업의 제품, 포장지, 광고물, 매장 디스플레이는 물론이고 직원의 유니폼, 말투, 언어에 이르기까지 전방위적으로 디자인되어야 한다. 그렇게 고객의 마음을 파고들어야 한다.

그리고 요즘 이런 디자이너 집단의 눈이 쏠려 있는 곳이 있다. 바로, 인스타그램이다.

명품 브랜드가 카페에 꽂힌 이유

최근 명품 패션 브랜드들이 죄다 카페에 꽂혔다. 웬만한 명품 브랜드 중에 카페나 레스토랑을 열지 않은 곳이 없을 정도다. 루이비통은 일본 오사카, 도쿄 긴자에 이어 서울에 세 번째 루이비통 카페를 열었다. 구찌는 서울 한남동에 있는 구찌 가옥에서 이탈리안 레스토랑 구찌 오스테리아 서울을 운영한다. 에르메스는 서울 청담동에 플래그십 스토어를 열면서 지하 1층에 카페를 마련했다. 소파·테이블·접시까지 모두 에르메스로 채웠다. 명품 시계 브랜드 IWC는 세계 최초로 롯데백화점 본점에 카페를 열었고, 안경 브랜드 젠틀 몬스터는 '누데이크'라는 디저트 카페를 내서 대히트를 쳤다.

이들 명품 브랜드가 하나같이 외식업에 진출한 이유가 있다. '인스타그래머블' 때문이다.

이제 사람들은 단순히 맛과 서비스 때문에 카페를 찾지 않는다. 인스타그래머블한 사진을 찍기 위해서 방문한다. 지금은 먹거리가 하나의 패션이 된 시대니까. 내가 무엇을 먹는지가 나의 정체성이 되니까 (당신의 여자친구가 핫한 카페에서 사진 찍기에 열중하는 이유가 여기에 있다. 그 사진이 여자친구의 정체성이 되어주는 것이다).

명품 브랜드 입장에서도 인스타그래머블한 공간을 고민할 수밖에 없다. 모든 유행이 인스타그램에서 시작되는 요즘, 단지 사진을 찍기 위해서 브랜드의 매장에 들르는 사람은 많지 않기 때문이다.

하지만 카페나 레스토랑은 다르다. 명품 옷이나 가방은 1년에 한 번 살까 말까 하지만, 카페와 레스토랑은 매일도 갈 수 있는 곳이다. 무엇보다 카페는 가벼운 마음으로 들러, 상대적으로 저렴한 가격에 브랜드를 경험하고, 인스타그램에 올릴 사진까지 찍을 수 있는 최적의 공간이다! 이것이 요즘 명품 브랜드들이 하나같이 인스타그래머블

구찌 오스테리아 서울.(출처: 구찌 오스테리아 서울)

안경 브랜드 젠틀 몬스터가 만든 디저트 카페 누데이크.(출처: 젠틀 몬스터 인스타그램)

한 카페와 레스토랑을 만드는 이유다.

인스타그래머블은 외식 업계에서도 뜨거운 이슈다. 2021년 8월, 한 경제신문에 실린 기사의 제목이다.

"노티드도넛 다운타우너버거 카페어니언…2030 핫플 의외의 공통점은?"

답은 '패션 업계 출신이 만든 외식 브랜드'라는 것이다.

카페 어니언의 유주형 대표는 카페 사업을 시작하기 전 온라인 쇼핑몰 피피비스튜디오스를 운영했다. 도산분식, 아우어 베이커리를 성공시킨 CNP푸드 노승훈 대표는 옷 가게에서 아르바이트를 해서 모은 돈으로 외식 사업에 뛰어들었다.

카페 노티드(도넛), 다운타우너(수제 버거), 호족반(퓨전 한식), 클랩피자(피자)를 연달아 히트시킨 이준범 대표의 사례도 흥미롭다. 그는 동대문에 있는 패션 구매대행 회사에서 일하던 중 버거 레스토랑을 창업했다(이 대표는 직원도 유니클로, 한세실업, 탑텐 같은 패션회사 출신을 뽑았다).

패션 업계 출신답게 이 대표가 손을 댄 음식점들은 하나같이 힙한 기운을 내뿜는다. 매장 인테리어와 음식 포장지, 그리고 직원들의 유니폼까지 전부 인스타그래머블하다. 인스타그램에는 다운타우너와 카페 노티드가 태그된 게시물 개수가 13만 개를 넘을 정도다.

여기에는 이준범 대표의 노력이 숨어 있다. 이 대표는 다운타우너를 시작하기 전 인스타그래머블한 햄버거를 만들기 위해 연구를 거듭했다. 그때 찾아본 햄버거 사진만 수십만 장이었는데, 그 결실이 다운타우너를 상징하는 '서 있는 버거'다.

　예전에는 수제 버거를 나이프와 포크로 먹는 것이 일반적이었다. 그런데 고객이 나이프로 자르는 순간 햄버거의 모양이 무너지기 일쑤였다. 햄버거의 '예쁨'을 지키고 싶었던 이 대표는 단단한 종이 박스에 햄버거를 세로로 넣어 버거가 서 있게 만들었다. 고객이 어느 각도에서든 햄버거의 예쁜 모습을 사진에 담을 수 있게끔 (그래서 인스타그램에 올릴 수 있게끔) 배려한 것이다.

　인스타그래머블을 위한 이 대표의 노력은 여기서 그치지 않았다.

이준범 대표는 종이 박스를 이용해 햄버거의 '예쁨'을 지켰다. 인스타그래머블을 위한 아이디어였다.(출처: 다운타우너 인스타그램)

261

인스타그래머블을 고려해 제작된 카페 노티드와 클랩피자의 포장 박스.(출처: 카페 노티드, 클랩피자 인스타그램)

카페 노티드의 도넛 박스는 연노랑·연분홍 등 파스텔톤의 컬러로 만들었다. 그 위에 (입맛을 다시고 있는) 귀여운 캐릭터 그림을 얹었다. 미국 우편회사의 박스 느낌으로 디자인한 클랩피자의 포장 박스도 인스타그램 인증샷을 겨냥해 제작한 패키지다. 이준범 대표가 만든 음식점들이 하나같이 '인스타그램 맛집'으로 불리게 된 건 결코 우연이 아니다.

"손님이 식당에서 순수하게 입으로 느끼는 맛은 30% 정도다. 나머지 70%는 시각, 후각 등에서 결정 난다."

요리 사업가 백종원 대표의 말이다. 요즘 저 70%를 만드는 일을 가장 잘하는 사람이 패션 업계 출신의 사장님들이다. 이들이야말로 인스타그래머블한 이미지를 누구보다 잘 만드는 디자이너이자, 고객의 마음을 훔치는 법을 아는 특급 세일즈맨이니까.

최근 미국에서도 인스타그래머블한 이미지로 대박을 터뜨린 패션 브랜드가 등장했다. 인스타그램 셀럽 에밀리 오버그가 만든 브랜드 스포티&리치다.

운동할 때도 예뻐야 돼

스포티&리치는 요즘 전 세계의 패션 피플들이 가장 사랑하는 스포츠 웨어 브랜드다. 스포티&리치는 나이키나 아디다스 같은 정통 스포츠 웨어 브랜드와는 결이 다르다. 이 브랜드의 표현처럼 '부르주아 터치가 가미된 스포티 룩'이다. 스웨트 셔츠, 스웨트 팬츠, 티셔츠 같은 스

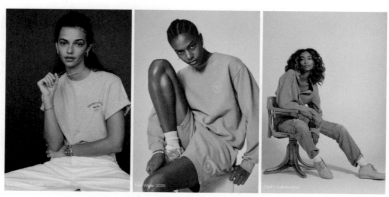

스포티&리치는 운동할 때 입는 스포츠웨어가 아니다. 운동을 하러 갈 때 입는 스포츠웨어다.(출처: 스포티& 리치 웹사이트)

트리트웨어에 가까운 의류를 만든다. 운동할 때도 예쁨을 놓칠 수 없는 사람을 위한 옷이다. 아니, '운동할 때 입는 옷'이라기보다는 '운동을 하러 갈 때 입는 옷'이다.

스포티&리치의 성공 비결도 인스타그래머블이다. 이 브랜드를 창업한 에밀리 오버그부터가 인스타그램에 특화된 인물이다. 그녀는 '패션계의 마사 스튜어트'로 불린다. 유명 스트리트 매거진 〈콤플렉스〉의 에디터, 스트리트 브랜드 키스KITH의 크리에이티브 디렉터를 거쳐 패션계의 '인싸'가 됐다. 마사 스튜어트가 자신의 팬덤을 바탕으로 냄비 세트를 판다면, 에밀리 오버그는 인스타그램에서 스포츠웨어를 세일즈한다는 것이 차이점이다.

재미있는 건 그녀가 패션을 정식으로 공부한 적이 한 번도 없다는 사실이다. 인스타그램에 올린 셀피와 스타일 사진만으로 셀럽이 됐다. 그리고 지금 에밀리 오버그는 무려 세 개의 인스타그램 계정을 운영 중이다. 스포티&리치 계정(구독자 34만 명), 에밀리 오버그 개인 계정(구독자 32만 명), 그리고 스포티&리치

스포티&리치 창업자 에밀리 오버그. 인스타그램을 통해서 패션계의 인싸가 된 전설적인 인물이다.(출처: 에밀리 오버그 인스타그램)

웰니스 클럽 계정(구독자 5만 2,000명)이다.

2014년 에밀리 오버그가 스포티&리치의 인스타그램 계정을 만들면서부터 역사가 시작됐다. 본래 사업을 하려고 만든 계정이 아니었다. 단지 자신이 좋아하는 1990년대의 패션과 스포츠 이미지를 모아두는 아카이빙용이었다.

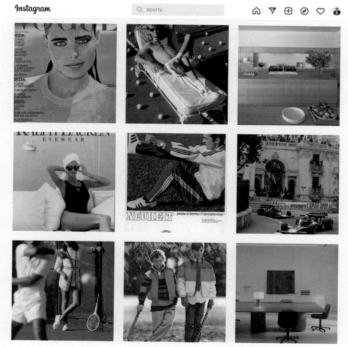

에밀리 오버그는 스포티&리치의 인스타그램 계정에 1990년대의 패션&스포츠 사진을 올리기 시작했다. 시간이 갈수록 일이 커졌다.(출처: 스포티&리치 인스타그램)

프린세스 다이애나, 캐롤린 베셋 케네디, 신디 크로퍼드, 테니스 문화, 수영, 올드카 광고, 인테리어, 피비 파일로의 올드 셀린….

에밀리 오버그는 맘에 드는 이미지를 찾을 때마다 인스타그램에 올려놓고, 기분이 우울할 때나 아이디어가 필요할 때마다 들여다봤다. 업로드한 사진을 가지고 1년에 한 차례씩 잡지도 출간했다. 애초에 계획한 건 딱 이 정도였다.

그런데 놀라운 일이 벌어졌다. 자신만의 취향을 담은 이미지를 꾸준히 올리다 보니 그녀와 비슷한 취향을 가진 사람들이 모여들기 시작한 것이다. 무엇보다, 에밀리 오버그의 머릿속에서 자신이 입고 싶은 옷과 만들고 싶은 의류 브랜드가 구체화되기 시작했다. 그녀가 깊이 애정하는 두 가지 '1990년대 빈티지 패션'과 '건강'을 담은 브랜드였다. 이 주제를 세련된 터치로 다루는 브랜드가 한 군데도 없었다.

결국 에밀리 오버그는 자신의 인스타그램 계정 '스포티&리치' 이름을 딴 스포츠웨어 브랜드를 런칭했다. 에밀리 오버그의, 에밀리 오버그에 의한, 에밀리 오버그를 위한 브랜드였다. 다이애나 왕세자비가 헬스장 갈 때 입었던 짐 룩처럼 1990년대 패션을 재해석한 스포츠룩을 만들었다. 건강을 챙기는 일에 진심인 그녀답게 세상에 전하고 싶은 건강 관리법도 옷에 새겼다(에밀리 오버그는 술과 담배, 커피를 전혀 입에 대지 않는다. 하루에 두 번씩 운동한다).

에밀리 오버그의 최대 관심사는 건강이다.(출처: 에밀리
오버그 인스타그램)

자신이 만든 옷에도 건강 관리법을 담았다.(출
처: 스포티&리치 인스타그램)

- **건강이 재산이다**Health is Wealth

- **잠을 많이 자라**Get Lots of Sleep

- **물을 많이 마셔라**Drink Plenty of Water

감각적인 인스타그램 인플루언서가 1990년대 레트로 감성을 멋스럽게 구현한 브랜드, 건강에 대한 진정성 있는 메시지를 담은 브랜드. 이런 브랜드가 뜨지 않을 리가 없었다. 출시되자마자 인스타그램에서 난리가 났다. 헤일리 비버, 키아라 페라니, 윤승아, 김나영 같은 전 세계 패션 피플이 스포티&리치를 입고 인스타그램에 착샷을 올렸다. 스포티&리치는 센스, 파페치, 매치스패션 같은 유명 편집숍에도 입점했다.

코로나 팬데믹도 스포티&리치에게는 기회였다. 집 앞 슈퍼에 갈 때 입는 원마일 웨어가 주목받으면서 편안하고 실용적이고 '예쁜' 스포티&리치에 대한 수요가 폭발했다. 이 기간에 스포티&리치는 월드와이드 브랜드로 떠올랐다.

한국의 패셔니스타 김나영도 스포티&리치를 입은 사진을 인스타그램에 올렸다.(출처: 김나영 인스타그램)

여기까지가 어느 인스타그램 인싸가 런칭한 브랜드 스포티&리치의 성공기다.

사실 에밀리 오버그가 한 일은 단순했다.

자신의 취향을 담은 사진을 인스타그램에 꾸준히 올렸다. 그녀의 취향을 흠모하는 이들이 몰려들었다. 팬들의 취향을 저격하는 옷을 만들어 비싼 가격에 팔았다. 끝.

에밀리 오버그는 디자이너가 되기 위해서 반드시 패션스쿨 졸업장이 필요한 것이 아님을 몸소 보여줬다. 인스타그래머블한 이미지를 만들 능력만 있다면 누구나 세계적인 패션 브랜드를 만들 수 있음을 증명했다. 결국 시작도 인스타그램, 끝도 인스타그램이었다.

에밀리 오버그의 인스타그램 활용법

현재 에밀리 오버그는 스포티&리치의 오너이자, 크리에이티브 디렉터이자, 마케터이자, 광고 모델 역할까지 맡는다. 그녀의 주 활동 무대는 언제나 인스타그램이다. 이 시대의 유능한 세일즈맨이자 디자이너가 되고 싶다면 에밀리 오버그의 인스타그램 활용법을 배울 필요가 있다.

그녀는 인스타그램 계정을 세 개나 운영하며 삼위일체의 기적(?)을 일궈냈는데, 각각의 계정마다 분명한 역할이 있다.

첫 번째는 스포티&리치 공식 인스타그램 계정이다. 이 계정에는 주로 스포티&리치의 신제품 사진과 에밀리 오버그가 옷을 만들 때 영감을 얻은 1990년대 사진이 올라온다. 마치 1990년대에 발간된 패션 잡지 같은 느낌을 주는 계정으로, 스포티&리치 제품 사진 외에도 볼거리가 풍성하다는 점에서 여느 브랜드의 광고판 같은 인스타그램 계정과는 차이가 있다.

두 번째는 에밀리 오버그의 개인 인스타그램 계정이다. 이곳에서는 에밀리 오버그가 스포티&리치의 옷을 입고 찍은 일상 사진이 공개된다. 에밀리 오버그는 스포티&리치 의류와 다른 하이엔드 브랜드를 믹스매치한 사진을 올리는데 스포티&리치의 스웨트 셔츠, 스웨트 팬츠 셋업에 롤렉스 시계, 샤넬 로퍼, 에르메스 버킨백을 매칭하는 식이다. 즉, 에밀리 오버그의 개인 계정은 스포티&리치를 어느 브랜드와 어떤

에밀리 오버그 개인 계정에서는 스포티&리치를 잘 입는 법을 알려준다. 롤렉스, 에르메스, 샤넬 같은 고급 브랜드가 함께 등장한다.(출처: 에밀리 오버그 인스타그램)

스포티&리치 웰니스 클럽은 에밀리 오버그가 세상에 널리 알리고 싶은 건강 팁을 올리는 채널이다.(출처: 스포티&리치 웰니스 클럽 인스타그램)

식으로 믹스매치해서 입어야 하는지 스타일 가이드를 제공하는 채널이다. 그리고 이 과정에서 스포티&리치는 이 브랜드와 함께 등장하는 에르메스, 샤넬, 롤렉스와 동급의(?) 브랜드로 지위가 격상되는 효과도 거둔다.

그리고 에밀리 오버그가 운영하는 세 번째 인스타그램 계정은 2020년에 개설한 스포티&리치 웰니스 클럽이다. 이곳은 웰빙 라이프를 위한 다양한 건강 팁을 제공하는 플랫폼이다.

- **주스와 스무디 중 무엇을 마셔야 할까?**
- **스트레스를 관리하는 법**
- **시대별 다이어트 트렌드**
- **영양사가 알려주는 피부 관리법**

의사, 영양사, 피트니스 트레이너, 슈퍼모델 등 에밀리 오버그가 엄선한 필진이 글을 기고한다. 건강 전도사 에밀리 오버그 또한 많은 글을 올리고 있음은 물론이다.

스포티&리치 웰니스 클럽은 스포티&리치가 세상에 존재하는 이유를 나타내는 채널이다. 오버그가 공언하듯 스포티&리치는 젊은 세대가 건강과 운동에 더 관심을 갖게 하겠다는 사명을 가진 브랜드니까. 스포티&리치 웰니스 클럽을 통해 이 브랜드는 단순히 예쁜 옷을 판매하는 브랜드를 넘어 고객의 건강까지 책임지는 웰빙 브랜드로 진화한다.

인스타그램의 여왕 에밀리 오버그가 세 개의 인스타그램 계정으로 시너지를 내는 특급 노하우를 정리해보자.

- 옷을 만드는 데 영감을 주는 1990년대 이미지를 '스포티&리치' 계정에 올린다.
- 에르메스, 샤넬 같은 하이엔드 브랜드와 스포티&리치를 믹스매치한 착샷은 에밀리 오버그 '개인 계정'에 올린다.
- 젊은 층이 꼭 알아야 할 건강 상식을 세련되게 풀어서 '스포티&리치 웰니스 클럽'에 올린다.

인스타그램에서 '팔리는 브랜드'를 만들어 확실히 돈 버는 법, 당신도 도전해볼 만하지 않은가?

3 섞으면 모든 것이 팔린다

창조성과
제약을
섞어라

돈 없는 크리에이터가 성공하는 법

돈이 없어서 히트한 영화?

- 〈캐리비안의 해적: 낯선 조류〉(2011): 3억 7,900만 달러(약 4,842억 원)

- 〈스타워즈 라스트 제다이〉(2017): 2억 6,200만 달러(약 3,347억 원)

- 〈어벤져스: 엔드 게임〉(2019): 3억 5,600만 달러(약 4,548억 원)

- 〈007 노 타임 투 다이〉(2021): 2억 5,000만 달러(약 3,194억 원)

할리우드 역사상 가장 많은 제작비가 투여된 영화 〈캐리비안의 해적: 낯선 조류〉. 3억 7,900만 달러를 투자해 10억 달러 넘게 벌어들였다.(출처: 〈캐리비안의 해적: 낯선 조류〉 포스터)

지난 10년간 개봉한 할리우드 영화의 '억' 소리 나는 제작비다. 할리우드 대형 영화사들 사이에서 진리로 통하는 '블록버스터 법칙' 때문이다.

디즈니, 워너 브러더스 같은 영화사는 연중 예산을 모든 영화에 균등하게 분배하지 않는다. 히트할 가능성이 큰 3~4편의 블록버스터에 집중적으로 투자한다. 블록버스터 영화 한 편을 위해 수십 명의 작가가 수년에 걸쳐 시나리오를 다듬는다. 제니퍼 로렌스, 레오나르도 디카프리오, 로버트 다우니 주니어 같은 스타 배우를 캐스팅한다. 여기에 관객의 눈을 사로잡을 휘황찬란한 특수효과를 더하고, 천문학적인 마케팅 비용을 쏟아붓는다.

'크게 투자해서 크게 거두는' 블록버스터 법칙을 신봉하는 곳은 할리우드뿐만이 아니다. 전 세계 주요 방송사, 출판사, 축구팀, 음반회사, 게임회사도 이 법칙을 따른다. 프랑스의 파리 생제르맹 같은 축구팀이 4,500억 원을 들여 메시, 네이마르, 음바페 같은 초일류 선수를 독식하는 식이다(2000년대 초반에는 부자 축구팀 레알 마드리드가 호나우두, 지네딘 지단, 데이비드 베컴 같은 스타 플레이어를 긁어모으는

파리 생제르맹은 세계 최고의 축구선수 세 명을 영입하는 데만 4,500억 원을 지불했다.(출처: 네이마르 인스타그램)

'갈락티코스' 정책을 펼쳤다).

"될 성싶은 블록버스터에 집중하고 '이류 작품'에는 성의 표시만 하는 전략이 쇼 비즈니스에서 성공으로 가는 가장 확실한 방법이다."

《블록버스터 법칙》을 쓴 하버드 경영대학원 애니타 엘버스 교수의 말이다.

이처럼 쇼 비즈니스 업계가 자본력을 갖춘 이들에게 절대적으로 유리한 판이라는 건 주지의 사실이다. 그런데 만약 (대다수 크리에이터가 그러하듯) 돈이 넉넉하지 않을 때는 어떻게 해야 할까? 가진 것이 창조성과 건강한 신체뿐이라면? 약소한 자원으로 쟁쟁한 블록버스터들과 경쟁할 수 있을까? 2008년에 개봉한 아일랜드 영화 〈원스〉처럼 하면 된다.

〈원스〉를 연출한 존 카니 감독은 원래 아일랜드의 인디밴드 더 프레임즈의 베이시스트로 활약한 인물이다(존 카니는 이 밴드의 뮤직비디오도 몇 편 연출했다). 영화감독이 되어서도 카니의 관심사는 오직 음악이었다. 그는 늘 음악을 소재로 한 영화를 만들고 싶었는데, 문제는 그에게 영화를 제작할 만한 돈이 없었다는 것이다.

〈원스〉를 만들 때도 마찬가지였다. 이 영화의 제작비는 고작 1만 3,000유로(약 1억 7,000만 원)였다(영화 〈캐리비안의 해적〉의 제작비가 4,842억 원이었다는 점을 생각해보라. 〈원스〉의 제작비는 '새 발의 피'라는 표현도 과분했다). 이마저도 제작비의 75%는 아일랜드 영화위원회로부터 지원

돈 없는 크리에이터가 참고해야 할 모범 사례 〈원
스〉.(출처: 〈원스〉 포스터)

존 카니 감독은 음악에 대한 열정이 넘쳤지만, 음악 영화를 만들 돈은 없었다.(출처: Bow
Street Academy)

을 받았으며, 나머지는 카니 감독의 주머니에서 나왔다. 설상가상으로 〈원스〉의 촬영 기간은 단 17일이었다.

돈도 없고 시간도 없고, 오직 음악에 대한 열정만 넘쳐흐르는 상황이었다. 당신이라면 어떻게 영화를 만들겠는가?

존 카니 감독의 답은 '내려놓음'이었다. 그는 모든 걸 잘하려고 하지 않았다. 자신에게 주어진 제약을 받아들였다. '보이는' 영화가 아닌, '들리는' 음악 영화를 만드는 데 집중했다. 남녀 주인공 역에 전문 배우가 아닌 뮤지션을 캐스팅했다. 존 카니 감독이 활동하던 밴드 더 프레임즈의 리더 글렌 한사드가 남자 주인공이 됐다. 글렌이 추천한 체코 출신의 뮤지션 마르게타 이글로바는 여주인공이 됐다. 그리고 연기 경험이 일천한 이 베테랑 뮤지션들이 〈원스〉의 모든 음악을 만들어서 불렀다!

〈원스〉는 '들리는' 영화답게 스토리도 지극히 평이했다. 평범한 청소기 수리공이지만 음악에 재능이 있는 그가 그녀를 만나 함께 음악 활동을 하며 사랑에 빠진다(영화에서는 배역의 이름조차 등장하지 않았다). 두 사람은 어쩔 수 없는 현실의 벽에 부딪혀 결국 헤어진다. 끝.

줄거리에 음악을 입혔다기보다 음악을 위해 영화 줄거리를 끌어들인 형국이었다. 남녀 간의 갈등도, 로맨틱한 러브신도, 속 시원한(?) 결말도 없었다. 두 주인공이 노래를 부르는 장면만 넘쳐서 배우들은 자신들의 숨겨진 연기력을 펼칠 기회조차 없었다!

카니 감독은 마치 다큐멘터리 영화를 찍듯 한 대의 카메라를 들고 남녀 배우를 따라다니며 촬영했다(감독과 배우의 친구들이 영화 제작진으로 참여해 함께 따라다녔다). 화려한 볼거리는 없었다. 화면은 자주 흔들렸고, 대화에는 소음이 섞였다.

이처럼 〈원스〉는 모든 것이 '없는' 영화였다. 제작비도 없고, 연기

배우 경력이 일천한 이 초짜 배우들은 영화 내내 '귀 호강' 음악을 들려준다.(출처: 〈원스〉)

〈원스〉는 감독이 한 대의 카메라로 배우를 따라가면서 찍은 다큐멘터리 같은 영화다.(출처: 〈원스〉)

파 배우도 없고, 별다른 스토리와 볼거리도 없는 영화.

그런데 희한한 일이 벌어졌다. 아무것도 없는 이 영화가 주목받기 시작했다. 미국 선댄스 영화제의 월드시네마 부문 관객상을 받으면서부터 〈원스〉에 대한 호평이 이어졌다. 영화 전문지 〈할리우드 리포트〉는 "88분짜리 영화 〈원스〉가 두 시간 반짜리 〈스파이더맨 3〉보다 훨씬 더 마술적인 감동을 선사했다"라고 썼다. 〈시카고 트리뷴〉은 "우리 시대 최고의 음악 영화"라며 극찬했다.

스티븐 스필버그 감독의 인터뷰도 화제가 됐다. 그는 "〈원스〉는 내게 남은 한 해를 버틸 수 있을 정도의 영감을 줬다"라고 말하며 이 영화에 대한 남다른 애정을 드러냈다(스필버그 감독은 존 카니 감독에게도 직접 전화를 걸어 칭찬 세례를 퍼부었다).

아일랜드를 넘어 전 세계에서 〈원스〉를 상영하는 극장이 늘어갔다. 감독과 배우에 대한 관심도 폭발했다. 존 카니 감독과 여주인공 마르게타 이글로바는 미국의 인기 심야 토크쇼 〈제이 리노 쇼〉에 출연했다. 남자 주인공 글렌 한사드는 자신의 우상이던 포크록의 전설 밥 딜런과 공연했다. 세 사람에게 대형 영화사들의 러브콜이 쇄도했다(이후 존 카니 감독은 할리우드로 건너가 〈비긴 어게인〉과 〈싱스트리트〉를 연출해 음악 영화 3부작을 완성했다).

결국 〈원스〉는 전 세계적으로 2,000만 달러 이상의 수익을 기록하며 제작비의 150배 이상을 벌어들였다(한국에서는 22만 명의 관객을 모으며 역대 독립영화 관객 수 1위 기록을 세웠다). 2008년 아카데미 시상식에

음악이 들리는 영화 〈원스〉는 아카데미 주제가상을 타는 기적도 맛봤다.(출처:Oscars)

서는 주제가상을 받으며 기록적인 영화 OST 판매고를 올렸다.

　무엇보다 〈원스〉의 성공은 전 세계의 돈 없는 크리에이터들에게 주는 희망의 메시지였다.

　• 돈과 시간이 없다는 제약은 약점이 아닌 강점이 될 수 있다.
　• 다 잘할 수 없을 때는 가장 자신 있는 것 하나에만 올인해야 창조성이 극대화된다.

　그렇게 존 카니 감독은 1억 7,000만 원짜리 영화로 '제약의 힘'을 몸소 증명해냈다. 블록버스터 법칙에 작은 균열을 냈다.

제약의 힘

간단한 게임을 하나 해보자. 준비물은 연필과 종이 한 장이다.

- 1단계: 15초 안에 '하얀 것'을 최대한 많이 적어보자.

  종이, 에어팟, 눈….

- 2단계: 15초 안에 '먹을 수 있는 하얀 것'을 최대한 많이 적어보자.

  마시멜로, 소금, 설탕, 쌀밥….

어느 단계에서 더 많은 답을 적었는가? 당신이 여느 사람과 같다면 2단계에서 적은 목록이 1단계보다 길 것이다. 모호한 지시보다 제약을 담은 구체적인 지시가 더 큰 창의성을 발휘하게 해주기 때문이다. '제약의 힘'이다.

많은 이들이 제약이 없을 때 창의성이 발휘된다고 믿지만, 의외로 제약은 창의성을 북돋는 도구가 될 수 있다. 영국 문학계의 거장 G. K. 체스터턴도 이 사실을 확인시켜준다.

"예술은 제약으로 이루어지고, 모든 그림에서 가장 아름다운 부분은 액자다."

트위터가 글자 수 제한을 둔 것도 제약의 힘을 믿어서다(처음에 트위터는 알파벳 기준 140자 제한을 두었다가 지금은 280자로 늘렸다). 140자 안에 압축적으로 글을 쓰려면 페이스북에 장문의 글을 쓸 때보다 더 많은 시간과 정성을 쏟아야 한다. 파스칼이 "편지를 짧게 쓸 시간이 없어서 길게 쓴다"라고 했던 것과 같은 이치다.

트위터의 공동 창업자 비즈 스톤의 말이다.

"제약에서 창의력이 피어난다. 사람은 더 이상 물러설 수 없는 자리까지 밀려나면 기발한 아이디어를 내놓곤 한다."

패션계에도 제약의 힘을 신봉하는 크리에이터들이 있다. 2010년 세상을 떠난 패션계의 악동 알렉산더 맥퀸도 늘 '복식의 룰'이라는 제약에서 출발한 디자이너였다.

둥근 엉덩이가 드러나는 바지, 해골 프린트, '신체의 구속, 기형, 강간'과 같은 가학적인 주제들을 담은 패션쇼….

광기 어린 상상력으로 유명했던 알렉산더 맥퀸은 의외로 런던의 최고급 맞춤 정장 거리 새빌로 출신이다. 열여섯 살에 학교를 떠난 맥퀸이 영국 왕실의 양복을 담당하는 앤더슨&셰퍼드에서 무려 7년 동안을 테일러로 일했던 것이다.

이후 맥퀸은 지방시와 알렉산더 맥퀸에서 수석 디자이너로 일하면서 새빌로에서 터득한 비범한 재단 실력으로 재킷과 드레스를 만들었다. 특히 맥퀸이 만든 재킷에는 라펠 칼라, 타이트 슬리브, 내추럴 숄더, 버튼식 여밈 등 전통 테일러링에 바탕을 둔 요소들이 많았다.

즉, '이스트 런던의 수다스러운 망나니'(맥퀸은 종종 자신을 이렇게 표현했다)가 만든 옷은 겉으로 보기에는 전위와 파격으로 가득했지만 그

알렉산더 맥퀸의 패션쇼를 보고 '역겹다'라고 생각할 수는 있었다. 잊을 수는 없었다.(출처: SLEEK MAGAZINE)

새빌로 재단사 출신의 맥퀸은 복식의 룰을 토대로 옷을 디자인했다.(출처: 알렉산더 맥퀸 웹사이트)

알렉산더 맥퀸의 옷은 멋과 착용감을 겸비한 '작품'이었다. 맥퀸의 사후에 전 세계 유명 미술관에서 그가 만든 작품을 앞다퉈 전시했다.(출처: Victoria and Albert Museum)

안을 들여다보면 정교한 테일러링이 숨겨져 있었다. 그래서인지 당시 맥퀸의 옷을 입어본 사람 중에는 뜻밖에 몸을 타고 흐르는 편안한 착용감에 놀라는 이들이 많았다.

이처럼 유능한 크리에이터는 무턱대고 창조성을 뽐내지 않는다. 무에서 유를 창조하려 하지도 않는다. 그들은 언제나 제약을 활용한다. 제약 안에서 자신만의 창조성을 자유롭게 발산한다. 그렇게 틀을 깨는 작품을 완성한다.

성경에 나오는 '진리가 너희를 자유롭게 하리라'라는 말을 이 시대 크리에이터에게 맞춰 바꾼다면 이렇지 않을까?

'제약이 너희를 자유롭게 하리라.'

슈퍼스타 아델이
사무실 책상에서 노래를 부른 이유

2008년의 어느 날 미국의 공영 라디오 방송국 NPR의 음악 프로듀서 스테판 톰슨은 단단히 짜증이 났다. 텍사스주 오스틴에서 열린 음악 축제 사우스 바이 사우스웨스트SXSW 포크 가수 로라 깁슨의 공연에 참가했는데 관객의 소음 때문에 음악을 제대로 들을 수 없었던 것이다. 회사로 돌아온 그는 NPR의 음악 프로그램 진행자 밥 보일런에게 하소연 조로 말했다.

"로라 깁슨이 그냥 우리 회사 사무실에 와서 공연을 하면 좋겠어요."

지나가는 말로 던진 이 농담을 밥 보일런이 진담으로 받아들일 줄이야!

음악계의 마당발이던 밥 보일런은 그 즉시 로라 깁슨에게 연락을 취했고, 3주 후 로라 깁슨이 NPR의 워싱턴 DC 사무실에 나타났다. 그리고 스테판 톰슨을 위해서 노래를 불렀다!

훗날 전 세계 대중음악계를 뒤집어놓을 타이니 데스크 콘서트Tiny Desk Concert의 장난 같은 시작이었다('타이니 데스크 콘서트'라는 이름은 밥 보일런이 예전에 활동하던 밴드 타이니 데스크 유닛Tiny Desk Unit에서 따왔다).

스테판 톰슨(좌)의 불만을 들은 밥 보일런(가운데)이 로라 깁슨(우)을 초대했다(위의 사진). **타이니 데스크 콘서트의 장난 같은 시작이었다.**(출처: 유튜브 'NPR Music')

이후 밤 보일런은 온갖 책과 잡동사니로 가득 찬 자신의 작은 사무실로 뮤지션들을 초대해 라이브 콘서트를 열기 시작했다(콘서트 실황 영상은 유튜브에 업로드했다). 뮤지션을 섭외하는 원칙은 단순했다. 'NPR의 직원들이 좋아하는 뮤지션을 부르기'였다 아티스트가 얼마나 유명한지, 유튜브에서 얼마나 많은 조회수가 나올지는 고려하지 않았다. 한마디로 음악이 좋으면 언더와 오버, 떠오르는 신예 가리지 않고 모두 불러 모았다. 얼리샤 키스, 테일러 스위프트, 존 레전드, 아델, 스팅, BTS 같은 슈퍼스타에서부터 한국의 씽씽, 잠비니아 같은 인디 아티스트까지 매달 5~7팀을 초대했다. 음악 장르도 인디 록, 뉴재즈, 클래식에서 힙합에 이르기까지 다양했다.

타이니 데스크 콘서트가 뮤지션들에게 요구하는 사항은 하나였다.

'사무실 공간의 사이즈에 맞는 악기를 가져온다.'

아티스트들은 보통의 스튜디오 공연과 달리 커다란 믹싱 보드나 음향 증폭기를 가져올 수 없었다. 회사 사무실인 만큼 낮에 연주해야 해서 별도의 무대 조명도 없었다. 그야말로 없는 것투성이였다. 진행자도, 백댄서도, 현란한 조명이나 음향 효과도 없는 생라이브 콘서트. 그러나 타이니 데스크 콘서트에도 '없음'은 약점이 아닌 강점이었다.

뮤지션들은 한두 개의 악기를 들고 라이브 음악을 연주했다. 아예 악기와 마이크 없이 생으로 노래를 부르는 가수도 있었다. 이들은 호텔 방이나 버스 안에서 리허설을 할 때처럼 연주했다. 실수도 하고 딸꾹질도 했다. 그야말로 리얼한 공연이었다. 뮤지션들의 자연스러운 매력이 폭발했다.

오토튠 목소리로 유명한 가수 티페인은 처음으로 기계음 없이 본연의 목소리를 들려주어 2,300만 뷰에 달하는 유튜브 조회수를 기록했다. R&B 아티스트 앤더슨 팩은 좁은 사무실에서 춤을 추듯 드럼을 연주하며 노래했다. 물 만난 고기 같았던 그의 퍼포먼스는 유튜브 조회수 8,700만 뷰를 넘겼다. 래퍼 타일러 더 크리에이터는 낮이 아닌 밤에 연주할 수 있도록 요청해 파란색, 핑크, 흰색 조명을 설치했다. 그렇게 라이브 재즈바 분위기가 나는 사무실에서 래핑을 했다.

뮤지션들은 비좁은 사무실 공간에서 라이브 콘서트를 연다는 아이디어를 사랑했다. 이들에게 타이니 데스크 콘서트는 조금 불편할 수는 있어도 어느 때보다 자유롭게 자신의 창조성을 뽐낼 기회였던 것이다. 작곡가 이고르 스트라빈스키의 말 그대로였다.

"나의 자유는 나 자신에게 부과하는 그 좁은 틀 안에서의 움직임에 있습니다."

로라 깁슨이 처음 사무실에서 공연한 지도 10여 년이 흘렀다. 지금까지 800회가 넘는 타이니 데스크 콘서트가 열렸고, 유튜브 누적 조회수는 20억 회를 넘겼다. 미국의 공영 라디오 방송국이 전 세계에서 가장 인기 있는 음악 콘서트를 만드는 데 필요한 건 카네기홀 같은 거대한 공연장도, 유명 가수를 섭외하는 것도 아니었다. 작은 책상이 놓여 있는 조그만 사무실과 아티스트의 창조성이면 충분했다.

물 만난 고기였던 앤더슨 팩의 공연 모습.(출처: 유튜브 'NPR Music')

평범한 사무실을 라이브 재즈바로 만들어버린 타일러 더 크리에이터.(출처: 유튜브 'NPR Music')

한국과
세계를
섞어라

대한민국을 힙하게 파는 법

〈오징어 게임〉이 한국적이어서 떴다고?

"한국 문화 쓰나미"(BBC)

"한국은 어떻게 문화계 거물이 됐나"(뉴욕타임스)

"한류! 한국 문화는 어떻게 세계를 정복했나"(더타임스)

"한국의 콘텐츠가 할리우드에 심각한 위협이 되고 있다"(블룸버그통신)

"올해는 한국 드라마들이 죽여준다"(CNN)

2021년 전 세계 외신들이 한류에 대해서 보도한 기사 제목이다. 한류 전성시대라 할 만하다. 2000년대까지 한류는 아시아 이웃 나라들과 서구의 마니아들 사이에서 부는 작은 바람이었다. 그런데 이후 유튜브와 넷플릭스를 통해 확산되더니, 1인치 자막의 장벽까지 무너뜨리며 글로벌 문화의 주류로 급부상했다.

BTS는 '제2의 비틀스'로 불리며 빌보드를 제패했다. 〈기생충〉은 아시아 영화 중 최초로 아카데미 작품상을 받았다. 〈오징어 게임〉은 넷플릭스 역사상 가장 히트한 콘텐츠가 됐다. 모두 한국인의 '국뽕'을 차

오르게 하는 소식들이다. 한국 땅에서 한국어로 만들어진 작품들이
큰 인기를 얻다 보니 '가장 한국적인 것이 가장 세계적인 것이다'라는
말도 자주 소환된다.

그런데 과연 그럴까? 가장 한국적인 것을 세계 시장에 선보이면 통
하는 것일까? 연세대 국문학과 정과리 교수는 그렇지 않다고 단언한다.

정 교수에 따르면 BTS는 고려청자나 조선백자와 다르다. BTS의
음악에는 한국 문화의 '실질'이라고 할 만한 고유한 것이 없다. 따라서
BTS는 '세계에 한국 문화를 널리 알린 한국인'이 아니라 '세계에 세계
문화를 가장 현란하게 보여준 한국인'으로 불려야 한다는 것이 그의
주장이다.

세계 83개국에서 시청률 1위를 기록한 〈오징어 게임〉은 어떤가.
과연 이 드라마를 두고 '한국적'
이라고 할 수 있을까? '빈부격
차'와 '가계부채' 같은 주제가 한
국적인 요소로 꼽히지만 이것
은 사실 세계 보편적이기도 하
다. 〈오징어 게임〉을 연출한 황
동혁 감독이 밝힌 것처럼, 미로
같은 계단 공간은 네덜란드 화
가 모리츠 코르넬리스 에셔의
작품에서 영감을 받았다. 참가

BTS가 불가사의한 인기를 누리는 이유는 한국인이어서가
아니다.(출처: BTS 인스타그램)

〈오징어 게임〉의 미로식 복도는 네덜란드 화가 모리츠 코르넬리스 에셔의 작품에서 영감을 받았다.(출처: 넷플릭스 〈오징어 게임〉, 네덜란드 대사관 블로그)

자들의 녹색 운동복과 병정들의 핫핑크 유니폼은 탈국적적이었다.

　그나마 가장 한국적이라고 말할 수 있었던 건 '딱지치기'와 '달고나' 같은 게임 정도였다. '무궁화꽃이 피었습니다'와 '줄다리기'는 다른 나라에도 비슷한 게임이 있어서 해외에서도 친숙하다는 반응이 많았다.

넷플릭스 창업자 리드 헤이스팅스는 넷플릭스의 실적 발표 날 〈오징어 게임〉의 녹색 운동복을 입고 등장했다. 이날 그가 '한국인'처럼 입었다고 생각하는 사람은 아무도 없었다.(출처: 유튜브 '넷플릭스')

즉, 〈오징어 게임〉은 한국에서 한국인 제작진이 만든 드라마였지만, 동시대를 살아가는 세계인들 또한 충분히 공감할 수 있는 콘텐츠였다. 전 세계적으로 보편적인 요소와 한국적인 요소를 정교하게 섞어서 성공했다.

철학자 탁석산은 《한국적인 것은 없다》에서 의미심장한 화두를 던진다.

"이 시대 문화에서 중요한 건 '국적'이 아니라 '수준'이다."

유튜브 구독자 수가 7,400만 명에 달하는 걸그룹 블랙핑크를 보자. 멤버 네 명 중 지수와 제니는 한국, 로제는 한국과 뉴질랜드 이중 국적, 리사는 태국 국적이다. 멤버의 국적만 보더라도 블랙핑크는 이미 한국의 아이돌이라고 할 수 없는 팀이다. 더구나 블랙핑크가 부르는 노래의 반쯤은 영어 가사이며, 멤버들은 한복을 입을 때도 서양의 드

블랙핑크는 '한국의 아이돌'이 아닌 '세계의 아이돌'이다. 한복도 서양의 드레스 형태
로 변형해 입는다.(출처: '하우 유 라이크 댓' 뮤직비디오)

레스 형태로 변형해서 입는다. 그야말로 국적을 초월한 '창의'다. 무엇보다 세계 각국에 흩어져 있는 블랙핑크의 팬들은 이들이 한국 그룹이라서가 아니라 노래와 퍼포먼스가 훌륭하기에 열광한다!

열여섯 살에 독일로 축구 유학을 떠나서 지금은 영국 프리미어리그에서 활약하는 축구선수 손흥민도 마찬가지다. 손흥민 선수의 팬들은 그의 축구 스타일이 한국적이라서 그를 좋아하는 것이 아니다. 세계적 수준의 축구 실력을 갖췄기에 그를 응원한다.

이처럼 전 세계가 촘촘히 연결된 시대에는 국적이 아닌 수준으로 히트 여부가 판가름 난다. 그리고 수준을 높이기 위해 필요한 과정이 바로 '섞기'다. 이제 독자적인 문화는 존재하지 않으니까. 모든 문화는 교류를 통해 싹트고 융성하니까.

한국의 콘텐츠를 전 세계에 팔 때도 '섞어야' 한다. 판소리와 신스팝을 섞고, 한복과 드레스를 섞는 것이다. 최신 테크노 음악에 한글 가사를 삽입해보는 것이다. '섞어서' 수준을 높여야 한다. 그편이 가장 한국적인 것을 들고 세계로 향하는 것보다 100만 배는 더 잘 팔린다.

이 장에서는 전 세계가 공감할 수 있도록 한국과 세계를 잘 섞은 이들을 소개한다. 당신이 한국인이라면 이들을 따라 해 섞기 신공을 발휘해보시길. 우리 한국인은 '비빔밥'이라는 희대의 음식을 창조한 민족이니까. 섞는 것 하나는 이 세상 누구보다 잘하는 민족이니까.

국악을 섞은
얼터너티브 팝 밴드

"이날치의 음악은 국악입니까?"

KBS의 뉴스 앵커가 물었다. 이날치의 리더 장영규의 답은 명료했다.

"이날치의 음악은 '얼터너티브 팝'입니다. 국악이 큰 역할을 하기는 하지만, 국악은 아닙니다."

2020년은 대한민국 국악사의 전환점으로 기록될 만한 해였다. 이날치가 탄생한 해였다. 이날치는 국악을 다루는 팀이지만, 국악 그룹은 아니다. 판소리를 전공한 네 명의 소리꾼과 베이시스트 두 명, 한 명의 드러머가 뭉친 7인조 얼터너티브 팝 밴드다.

이날치가 현대적인 팝 음악에 한국의 판소리를 섞은 곡 '범 내려온

국악을 다루는 얼터너티브 팝 밴드 이날치.(출처: 이날치 인스타그램)

한국관광공사의 홍보영상 〈Feel the Rhythm of Korea〉. 이 영상을 기획한 한국관광공사 직원은 대통령 표창까지 받았다.(출처: 〈Feel the Rhythm of Korea〉 뮤직비디오)

다'는 조선 힙합 열풍을 일으키며 전 세계적으로 히트했다. 이 곡이 삽입된 한국관광공사의 홍보영상 〈Feel the Rhythm of Korea〉는 유튜브에서 누적 조회수 5억 회를 돌파했다.

이날치 덕에 전 세계가 처음으로 우리 국악에 귀를 기울였다. 국악을 흥얼거리고, 국악에 맞춰 클럽에서 춤까지 췄다. '국악 혁명'이라 할 만했다. 이날치가 등장하기 전까지는 아무도 국악을 찾아서 듣지 않았으니까. 국악은 시장 자체가 존재하지 않는 '죽은 음악'이었으니까. 그전까지 국악인들은 목청껏 구호를 외칠 뿐이었다.

"국가의 지원이 더 많아져야 합니다!"

"교과서에서 국악의 비중을 높여야 합니다!"

모두 공허한 메아리로 끝났다. 구호로는 사람의 취향을 바꿀 수 없었다. 사람들에게 국악은 여전히 뻔하고, 느리고, 고루한 음악이었다. 국악계에서조차 국악은 역사 속으로 사라질 음악이라는 생각이 팽배했다.

잘 섞었다
국악이 떴다

"국악은 고리타분한 포장을 걷어내면 가능성이 무궁무진한 음악입니다."

이날치의 리더 장영규는 국악에서 기회를 봤다. 그는 〈좋은 놈, 나쁜 놈, 이상한 놈〉, 〈타짜〉, 〈전우치〉, 〈도둑들〉, 〈곡성〉 등 90편 이상의 영화음악을 만든 작곡가이자 베이시스트였다.

장영규가 보기에 국악은 이 시대에 가장 앞선 팝이 될 수 있는 장르였다. 단 국악이 팝 음악의 '재료'로 사용될 때만, 국악과 팝이 섞여서 전혀 새로운 장르가 탄생하는 경우에만 그럴 수 있었다.

본래 장영규부터가 장르의 구분 없이 섞는 데 일가견이 있는 사내였다. 그는 처음 음악을 시작할 때부터 연극, 무용, 영화, 미술 등 다른 분야의 사람들과 교류하며 지냈다. 재질과 성분이 다른 사람들과 함께 지내면서 섞는 데 익숙해졌다. 현대 무용가 안은미와의 만남은 결정적이었다.

베이시스트 장영규는 다양한 장르를 섞다 보니 퓨전 국악 그룹 이날치까지
만들게 됐다. KBS 뉴스에 출연할 만큼 떴다.(출처: KBS News)

　1991년의 어느 날, 안은미가 장영규에게 LP 여러 장을 휙 던져주
며 공연에 쓸 음악을 만들어달라고 했다. 그녀의 주문은 간단했다.

　"마음대로 섞어봐."

　그때부터 장영규의 '섞기 인생'이 시작됐다. 당시만 하더라도 무용
음악은 회현동 지하상가의 엘피 가게 아저씨가 대충 적당한 음악을
이어 붙이던 때였다.

　장영규는 차원이 다른 '섞기'를 시전했다. 먼저 무용 음악을 만들 재
료 찾기에 돌입했다. 월드뮤직, 일렉트로닉 댄스뮤직EDM, 클래식, 민요
등 1990년대 초 · 중반에 나온 음악은 장르 불문하고 다 찾아 들었을
정도다. 그다음엔 바그너와 김소희의 판소리를 섞는 식으로 온갖 음
악을 자르고 붙였다. 그렇게 세상에 없던 한 시간짜리 음악으로 클라
이언트 안은미를 놀라게 했다. 그때부터 무용인들이 회현동 엘피 아

저씨를 찾는 발길도 뚝 끊겼다.

이후 장영규는 민요 록밴드 씽씽을 결성해 또 한 번 섞었다. '경기민요 메들리', '난봉가'에 테크노 비트, 글램 록, 디스코 사운드를 섞었다. 이 '짬뽕 음악' 위에 남성 보컬이 짙은 화장을 하고 빨간 가발, 스타킹, 하이힐을 착용한 퀴어queer 콘셉트를 섞었다.

씽씽이 선보인 한국산 아방가르드는 해외에서 먼저 주목받았다. 〈뉴욕타임스〉는 씽씽을 두고 "한국 전통 민요가 글램 록, 디스코, 사이키델릭 아트로 깜짝 놀랄 변신을 시도했다"라고 평가했다.

음악 마니아들의 성지로 통하는 타이니 데스크 콘서트에 아시아 최초로 초대받은 밴드도 씽씽이었다(BTS보다 3년 앞선 출연이었다). 씽씽의 공연은 유튜브에서 조회수 740만 뷰를 기록하며 전 세계 음악 팬을 홀렸다.

전혀 어울리지 않는 음악과 패션 코드를 섞은 씽씽은 전 세계에서 유일무이한 아방가르드 밴드였다.(출처: 유튜브 'NPR Music')

씽씽의 정신은 2020년 이날치로 다시 태어났다. 이날치에서도 장영규의 무기는 '섞기'였다. 국악과 신스팝을 섞어 춤추기 좋은 음악을 만드는 것이 그의 목표였다.

장영규는 3박자로 진행되는 '수궁가'에서 흥미로운 대목을 찾아내 4박자 비트에 밀어 넣었다. 별주부와 토끼가 간을 두고 벌이는 숨 가쁜 추격전에 속도가 붙었다. 춤추기에 딱 좋을 정도로 리드미컬한 '범 내려온다'가 그렇게 탄생했다.

장영규가 섞은 것이 비트뿐만은 아니었다. 비주얼이 매력적이어야 음악도 들리는 시대 아닌가. 장영규는 날고 기는 춤꾼들이 모인 앰비규어스 댄스 컴퍼니에 협업을 제안했다. 음악과 춤을 섞기 위해서였다.

앰비규어스 댄스 컴퍼니는 이날치만큼이나 잘 섞는 팀이었다. 이 댄스팀은 이날치의 곡에 맞춰 스트리트 댄스와 발레, 현대무용과 전통무용을 뒤섞었다. 춤출 때 입는 의상도 섞었다. 한복과 추리닝을, 갓과 선글라스를, 장군모와 슈프림 액세서리를 섞었다. 섞을수록 그 맛과 멋이 더해졌고, 팀 이름처럼 '앰비규어스한(모호한)' 매력이 폭발했다.

사람들은 이날치가 부르고 앰비규어스 댄스 컴퍼니가 몸을 흔든 뮤직비디오를 '김치 웨스턴 그루브'라고 불렀다. 한국적이면서 서구적이었다. 익숙하면서 새로웠다.

그렇게 이날치는 가장 한국적인 음악이 가장 세계적인 콘텐츠가 될 수 있음을 증명했다. 국악을 널리 알리려 하는 대신, 국악을 재료 삼아 팝과 '섞은' 결과였다.

색동 블라우스 위에 서양식 조끼를 걸치고 조그마한 패랭이를 쓴 여성 댄서, 삼색 추리닝에 여성의 배자를 입고 장군모를 걸친 김보람 감독. 목에 걸친 액세서리는 슈프림.(출처: KBS 〈유희열의 스케치북〉)

붉은색 수트에 이순신 장군 스타일(?)의 조선 시대 투구를 쓴 남성 댄서, 코르셋을 입고 조선 시대 포졸이 쓰던 전립을 쓴 여성 댄서.(출처: KBS 〈유희열의 스케치북〉)

디제이 페기 구가
한글로 노래하는 이유

독일 베를린을 기반으로 활동하는 디제이 페기 구에게는 수식어가 많다.

- 베를린의 전설적인 클럽 베르크하인에서 공연한 '첫 한국인 여성 디제이'
- 코첼라Coachella, 후지 록Fuji Rock, 데크만텔Dekmantel 등 세계적인 뮤직 페스티벌에 출연한 '월드 클래스 디제이'
- 미국 경제지 〈포브스〉가 꼽은 '아시아에서 영향력 있는 30세 이하 30인'
- 팔로워 수가 250만 명에 이르는 '인스타그래머'

페기 구는 한국의 인천에서 태어났다. 열다섯 살 때부터 영국 런던에서 유학했고, 이후 유럽을 중심으로 전 세계에서 활동하는 스타 디제이가 됐다. 그녀의 인기가 워낙 높다 보니 유럽의 젊은이들 중에는 한국을 '페기 구의 나라'로 부르는 이들이 있을 정도다 (페기 구의 공연장에서는 태극기가 새겨진 티셔츠나 '실물깡패', '꽃미남' 같

유럽에서 활동하는 월드 클래스 디제이 페기 구. 유럽의 음악 팬들에게 한국은 '페기 구의 나라'다.(출처: 페기 구 인스타그램)

은 한글이 적힌 스냅백 모자를 착용한 백인을 쉽게 목격할 수 있다).

디제이라는 직업에 걸맞게 페기 구는 잘 섞는다. 엄격한 장르의 틀에 갇히는 대신 힙합 음악과 하우스 음악을 섞는 식이다. 또 그녀는 자신의 모국인 '한국'도 적극적으로 섞는다. Hungboo(흥부), Han Pan(한 판), Han Jan(한 잔), Nabi(나비) 등 번역하기도 쉽지 않은 한국어로 곡의 제목을 짓는다.

그녀의 대표곡 '잊게 하네'처럼 노래 전체에 한글 가사를 담을 때도 있다(페기 구가 이 노래를 부를 때면 외국인 관객들이 '혼란스러운 세상사, 모두 잊게 하네'라는 한글 가사를 떼창하는 진풍경이 벌어진다). 또 페기 구의 뮤직비디오에는 태권도, 하회탈, 강강술래 같은 한국적인 요소가 수시로 등장한다.

그 밖에 페기 구가 만든 의류 브랜드의 이름은 (그녀가 가장 좋아하는 동물인) 'KIRIN(기린)', 그녀가 만든 레이블의 이름은 'Gudu Records(구두레코드)'다. 그야말로 여기도 한국, 저기도 한국이다.

왜 페기 구는 창작물에 한국을 섞는 걸까? 모국을

페기 구가 2019년에 제작한 앨범 〈Han Pan(한 판)〉의 커버에는 하회탈이 일러스트로 등장했다. 페기 구의 레이블 구두레코드에서 발매했다.(출처: Gudu Records 인스타)

엄청나게 사랑하기 때문에? 한국 팬들을 위한 서비스 차원에서? 한국인의 자부심을 드러내려고? 그것도 맞을 것이다. 그러나 더 큰 이유가 있다.

"나도 서양 것 다 쫓아봤다. 염색도 해보고 외모를 바꾸려고도 해봤다. 그런데 한국 뿌리를 파고들 때, 한국적인 걸 할 때가 가장 나답더라."

페기 구는 '자기다움'을 위해 한국을 섞는다. 유럽의 고만고만한(?) 전자음악만 접해온 관객에게 한국과 서양의 요소를 섞은 '유일함'으로 다가서는 것이다. 즉, 페기 구에게 '한국인'이라는 정체성은 서구권의 디제이와 그녀를 구별해주는 중요한 무기인 셈이다.

여기서 페기 구의 영리함이 드러나는 부분은 그녀가 '한국적인 것'을 섞는 정도를 세심하게 조절한다는 것이다.

"나는 한국과 외국에서 모두 살아봤기 때문에 외국인들이 좋아하는 한국적인 요소를 잘 알고 있다."

당대의 가장 트렌디한 전자음악을 틀면서 그 위에 한국산 '새로움'을 살짝 얹는 식이다. 외국인들의 입장에 서서 과하지 않게, 딱 그들이 좋아할 만한 정도로만. 창작 과정에서는 다양한 이들의 의견을 수렴해 '한국'의 수위를 조절한다. 이것이 페기 구식 역지사지이자, 그녀가 선별한 '한국'이 해외에서도 통하는 비결이다.

우리의 한복은
이토록 섹시한 옷이었구려

고백하자면 단 한 번도 한복을 멋지다고 생각한 적이 없었다. 그 펑퍼짐한 모양새, 촌스러운 색감과 무늬를 보면서 시대에 뒤떨어진 옷이라고 생각했다. 한복 디자이너 고 이영희 선생이 만든 '바람의 옷'을 보기 전까지는. 바람과 동선에 따라 치마의 형태와 선이 바뀐다고 하여 '바람의 옷'이다.

이영희 선생은 한복과 서양의 드레스를 섞었다. 한복의 저고리를 생략하고 치마만 남겨놓았다. 그 위에 은은한 회색이나 먹자주색 같은, 기존 한복에서는 볼 수 없었던 절제된 색을 입혔다.

이영희 선생이 '바람의 옷'을 만든 이유는 한복을 섹시하고 모던하게 만들기 위함이었다. '바람의 옷'을 만들고 욕도 많이 먹었단다. 저고리를 빼고 치마만 입혀놓은 게 무슨 한복이냐, 전통을 무시했다, 국적 없는 옷이다….

그런데 그게 무슨 대수랴. 한복에 전혀 관심을 두지 않던 나 같은 사람들이 처음으로 한복에서 아름다움을 보고, 한복의 가치를 재발견하게 됐는데.

나와 비슷한 생각을 가진 이들은 해외에도 많았다. 파리 패션계는 한복의 모든 금기에 도전하는 그녀를 두고 '위oui 여사(안 되는 게 없다는 뜻)'라고 불렀다. 프라다의 수장 미우치아 프라다는 프라다 컬렉션을

한복 디자이너 이영희의 대표작 '바람의 옷'. 한복과 드레스를 섞은 파격적인 옷이
었다.(출처: 중앙일보)

선보이면서 "이영희의 한복 저고리에서 영감을 받았다"라고 했다(그녀
는 한국을 방문할 때마다 이영희 매장을 찾는 단골손님이었다). 이영희 선생
덕분에 해외에서 '기모노 코레(한국의 기모노)'라고 불리던 우리 옷이 '한
복_{Hanbok}'이라는 제 이름을 찾았다.

고 이어령 교수는 생전에 이영희 선생의 '바람의 옷'을 두고 '온고창
신溫故創新'이라고 했다. 온고지신溫故知新의 '앎'을 '창조'로 변형한 말이

었다. 이영희 선생의 한복이 '옛것을 익혀 새것을 창조한' 작품이라는 의미였다. 이 한마디에 우리가 '한국적인 것'을 어떻게 다뤄야 하는지에 대한 답이 모두 담겨 있다.

시골과 도시를 섞어라

도시형 촌놈 전성시대

'올드 타운 로드' 바람, 아니 폭풍

19주 연속 빌보드 1위.

2019년 8월, 빌보드 싱글차트 최장기간 1위 기록이 다시 쓰였다. 신기록의 주인공은 릴 나스 엑스Lil Nas X, 대중음악계에서 커리어가 전무한 열아홉 살의 힙합 아티스트였다.

릴 나스 엑스가 발표한 데뷔 싱글 '올드 타운 로드Old Town Road'는 대선배 머라이어 캐리의 'One Sweet Day'와 루이스 폰시의 'Despacito'가 보유 중이던 빌보드 16주 연속 1위 기록을 갈아치웠다. 그것도 저스틴 비버, 테일러 스위프트 같은 초대형 스타들이 복귀 음반을 발매한 해에 일어난 사건이었다.

시작은 장난 같았다. 릴 나스

데뷔곡으로 빌보드의 역사를 다시 쓴 신기록의 사나이 릴 나스 엑스(출처: 릴 나스 엑스 인스타그램)

엑스는 본래 가수가 아니었다. 그는 페이스북과 바인에 짧은 영상을 올리고, 래퍼 니키 미나즈의 트위터 팬 계정을 운영하던 인터넷 스타였다. 평소에 그는 팬들과 소통하기 위해 틈틈이 음원 공유 사이트 사운드 클라우드에 곡을 올리곤 했는데, 그중 하나가 1분 53초짜리 곡 '올드 타운 로드'였다.

릴 나스 엑스가 이 노래를 만든 과정도 꽤 창의적(?)이다. 어느 날 그는 인터넷에서 얼굴도 모르는 '영 키오'라는 아마추어 프로듀서가 올린 비트에 꽂혔다. 록 밴드 나인 인치 네일스의 반주와 밴조 연주를 섞은 컨트리풍의 비트였다. 릴 나스 엑스는 이 비트를 30달러에 구매했고, 이 위에 랩을 얹어 '올드 타운 로드'를 완성했다(노래 녹음은 자신의 침실과 할머니 방에서 했다). 미국 남부 백인의 음악인 컨트리에 힙합이 더해진 '카우보이 힙합'의 탄생이었다.

'올드 타운 로드' 태풍의 진원지는 틱톡이었다. 이 곡이 나온 시점에 틱톡에서는 평범한 옷을 입고 춤을 추다가 갑자기 카우보이 복장으로 변신하는 '이햐 챌린지Yeehaw Challenge'가 유행하고 있었다.

여기서 퀴즈. 카우보이로 변신할 때 나오는 배경음악으로는 어떤 노래가 어울릴까요?

두말할 것도 없이 '올드 타운 로드'다. '올드 타운 로드'는 이햐 챌린지의 거의 모든 영상에서 공식 배경음악처럼 쓰이며 빛의 속도로 퍼져나갔다.

카우보이 힙합이라는 새로운 장르의 탄생을 알린 '올드 타운 로드' 뮤직비디오. 릴 나스 엑스가 카우보이 복장으로 출연했다.(출처: '올드 타운 로드' 뮤직비디오)

'올드 타운 로드'는 틱톡에서 유행하던 이햐 챌린지의 공식 배경음악처럼 사용됐다.(출처: BuzzFeed News)

그리고 얼마 후 '올드 타운 로드' 바람을 메가톤급 태풍으로 격상시킨 사건이 일어났다. 빌보드가 이 곡을 컨트리 차트에서 배제하기로 한 것이다.

앞서 릴 나스 엑스는 이 곡을 '컨트리' 장르로 발표했는데, 여기에는 나름의 노림수가 있었다. 경쟁이 치열한 힙합 카테고리와 달리 인기가 점차 식어가는 컨트리 분야에서는 쉽게 두각을 나타낼 수 있으리라고 생각해서였다.

그런데 별안간 빌보드가 "현대 컨트리 음악의 요소를 충분히 포함하고 있지 않다"라며 '올드 타운 로드'를 컨트리 차트에서 빼겠다고 발표해버린 것 아닌가! 흑인 가수가 부른 컨트리-트랩 노래를 컨트리 카테고리에서 빼겠다고 나서니, 당연히 인종차별 논란으로 난리가 났다.

이때 릴 나스 엑스의 구원자를 자처한 인물이 있었으니, 컨트리 음악의 거장 빌리 레이 사이러스였다. 빌리 레이 사이러스는 "'올드 타운 로드'는 컨트리가 맞다"라며 이 노래에 정통성을 부여해주더니, 아예 릴 나스 엑스와 함께 이 곡의 리믹스 음원까지 발표해버렸다.

40년 경력의 베테랑 컨트리 가수가 전면에 나서서 릴 나스 엑스를 엄호하자, '새 시대의 컨트리 음악'을 두고 딴지를 걸던 이들은 입을 닫았다. 그때부터 신인 가수 릴 나스 엑스는 빌보드의 모든 기록을 깨 나가기 시작했다. 여기까지가 니키 미나즈의 온라인 팬페이지를 운영하던 어느 인플루언서의 빌보드 차트 정복기다.

릴 나스 엑스가 발표한 새 시대의 컨트리 음악에 정통성을 부여해준 빌리 레이 사이러스. 그는 '올드 타운 로드' 뮤직비디오에도 출연했다.(출처: '올드 타운 로드' 뮤직비디오)

'올드 타운 로드' 신드롬이 말해주는 사실이 있다. 이제는 더 이상 컨트리가 컨트리로만, 힙합이 힙합으로만 존재하지 않는다는 것이다. 유능한 뮤지션일수록 전혀 어울릴 것 같지 않은 두 장르를 섞어 새로움을 발생시킨다. 그렇게 히트곡을 창조한다.

릴 나스 엑스도 한물간 컨트리풍 사운드를 가져다가 가장 도시적인 힙합과 섞었다. 그렇게 탄생한 카우보이 힙합이 빛의 속도로 퍼져나갔고, 모두가 미국 남부의 시골 음악에 몸을 맡기는 역사가 일어났다. 미국 음악계에 혜성처럼 등장한 '믹스의 천재'로 인해 컨트리 음악은 듣는 음악에서 보는 음악으로, 함께 즐기기 좋은 음악으로 진화했다.

〈전원일기〉와
〈효리네 민박〉의 차이

릴 나스 엑스 신드롬이 보여주는 또 다른 사실이 있다. 요즘엔 시골의 촌스러움이 '힙'으로 통한다는 것이다. 이제 시골은 마냥 낙후된 공간이 아니다. 도시에서는 쉽게 찾아볼 수 없는 오리지널리티로 가득한 공간이다. 역사가 있는 카페, 전통시장, 향토 음식, 카우보이 의상….

그래서 요즘 눈 밝은 크리에이터들의 시선은 죄다 시골에 쏠려 있다. 시골을 보여주는 방식도 과거와 달라졌다. 예전에는 〈전원일기〉 스타일이었다. 주된 정서는 '그리움'이었다. 〈전원일기〉의 양촌리는 도시인들이 갖고 있지 못한(혹은 잃어버린) 고향, 가족, 이웃들에 대한 그리움을 채워주는 장소였다. 급격한 도시화와 산업화 속에서 소외된 농

1980년부터 2002년까지 방영된 드라마 〈전원일기〉의 한 장면. 양촌리는 도시인들의 그리움을 채워주는 장소였다.(출처:MBC)

319

촌의 모습이었다. 등장인물은 주로 (대)가족이나 연로한 노인이었다. 정겹고 소박하고 푸근했다.

요즘엔 다르다. 시골을 감각적으로 보여준다. 핑클 출신의 '제주 도민' 이효리가 출연한 〈효리네 민박〉은 요즘 사람들에게 통하는 시골 라이프가 어떤 모습인지 정확하게 보여준다. 〈효리네 민박〉에서 민박집 주인 이효리는 매일 산책과 요가로 몸을 단련하고, 영양가 있는 음식을 만들어 먹는다. 낮에는 노천탕에서 몸을 녹이고, 밤에는 모닥불을 피워놓고 대화한다. 파타고니아 패딩을 입고, 볼보를 운전한다.

〈효리네 민박〉은 이효리 판 킨포크 라이프였다. 소탈하고 건실했다. 건강해 보였다. 무엇보다 세련된 취향으로 가득한 '따라 하고 싶은 언니'의 모습이었다. 시청자들은 차원이 다른 환상을 봤다.

파타고니아 경량 패딩을 입고 하이브로우 캠핑체어에 앉아 투숙객들과 대화하는 세련된 민박집 주인.(출처: JTBC 〈효리네 민박〉)

'나도 효리 언니처럼 살고 싶다.'

'저런 부부 사이도 가능하구나.'

'역시 효리 언니는 뭘 좀 아는 언니였어.'

동료 연예인들이 서울의 방송국 스튜디오에서 누가 누가 잘하나 경쟁할 때 이효리는 도시인들이 꿈꾸는 이상향을 팔았다. 도시인들은 이효리의 세련된 촌 라이프를 보면서 대리만족 했고, 〈효리네 민박〉은 JTBC 예능 역사상 최고 시청률을 경신했다.

릴 나스 엑스와 이효리가 증명한바 시골과 도시를 넘나드는 '도시형 촌놈(촌년)' 전성시대다. 촌구석의 매력을 세련되게 요리할 줄 아는 이들이 팔린다. 시골과 도시를 섞어보자. 시골의 고유함을 찾아 도시의 감각을 더하는 순간, 어디에서도 볼 수 없었던 힙한 새로움이 탄생한다.

그리고 여기 시골과 도시를 섞는 일에 신공을 발휘한 '촌놈'이 한 명 더 있다. 프랑스의 깡촌에서 태어나 전 세계에서 가장 핫한 디자이너로 우뚝 선 자크뮈스다.

패션계에서 가장 성공한 촌놈

만약 당신이 프랑스 남부 프로방스의 작은 시골 마을에서 나고 자란 소년이라고 해보자. 소년은 패션 디자이너가 되기 위해서 파리로 상경해 나름의 인정을 받으면서 성공했다. 이때 당신은 어떻게 행동하겠는가?

아마 대부분은 도시 남자로 완벽하게 빙의할 것이다. 사투리를 최대한 쓰지 않으려 할 거고, 자신의 출신지를 숨기지는 않겠지만 굳이 드러내려고 하지도 않을 것이다. 시골 출신이라는 배경을 강점이 아닌 약점으로 인식해서다.

그런데 프랑스 파리에서 활동하는 패션 디자이너 자크뮈스는 거꾸로다. 자크뮈스는 패션 공부를 하려고 파리에 오기 전까지 쭉 프랑스 남부의 해안 도시 마르세유에서 살았던 '촌놈'이다. 부모님은 시금치와 당근 등을 재배하는 농부였다. 그의 가족 중에 고향을 떠나서 파리에 정착한 사람도 자크뮈스가 처음이었다.

파리로 상경한 자크뮈스는 유명 패션스쿨 에스모드에 입학했고, 꼼데가르송 파리 스토어에서 일했고, 스무 살에 자신의 이름을 내건 브랜드 '자크뮈스'를 런칭했고, 파리 패션위크 공식 쇼에 최연소로 데뷔했다. 초소형 미

도시에서 가장 성공한 촌놈 디자이너 자크뮈스.(출처: 자크뮈스 인스타그램)

니백으로 수많은 여성의 마음을 훔쳤고, 자크뮈스를 연매출 300억 원이 넘는 인기 브랜드로 성장시켰다.

그런데 반전은 여기서부터다. 도시에서 이렇게나 출세한 자크뮈스는 여전히 자신을 '시골 촌뜨기'로 소개한다(다른 사람이 자신을 '파리지앵'이라고 부르면 바로 정정해줄 정도다).

자크뮈스의 고향 사랑은 그가 만든 옷에서부터 극명히 드러난다. 들판 위 형형색색의 꽃들을 닮은 다채로운 컬러 팔레트, 화려한 트로피컬 패턴 셔츠와 커다란 그물 라인 니트 드레스, 휴양지에서나 쓸 법한 챙 넓은 밀짚모자…. 자크뮈스가 만든 옷에서는 프로방스의 정취가 맹렬히 뿜어져 나온다. 기존의 럭셔리 하우스와는 차별화되는 태양의 에너지와 자연의 청량함이 가미된 새로운 의복을 완성한 것이다. 자크뮈스의 말마따나 그의 옷은 클럽에서 즐기기 위한 것이 아니라 농장과 들판, 잔디밭을 누비는 디자인이니까. 자크뮈스가 '색감 깡패'라는 별명을 얻는 데 기여한 상당수의 지분은 그의 고향 프로방스에 있다.

무엇보다 '촌사람' 자크뮈스의 디자인은 대자연을 무대로 한 런웨이에서 완성된다. 그는 자크뮈스 런칭 10주년을 기념하는 패션쇼 장소로 프로방스 발랑솔에 있는 라벤더밭을 선택했다. 이 패션쇼의 타이틀은 '내리쬐는 태양'이라는 뜻의 '꾸 드 솔레이Coup de soleil'였다. 보랏빛 라벤더밭 한가운데에 깔린 핑크 런웨이 위를 10여 명의 모델이 걸어갔다. 어느 럭셔리 브랜드도 흉내 내지 못할 로맨틱하고, 쿨하고, 내

지금껏 한 번도 보지 못했던 황홀한 시골 패션쇼 1. 이 패션쇼가 열린 날 자크뮈스의 인스타그램 팔로워 수는 180만 명 증가했다.(출처: 유튜브 '자크뮈스')

추럴한 미장센이었다.

　패션쇼는 즉각 전 세계에서 화제가 됐다. 단 하루 사이에 자크뮈스의 인스타그램 팔로워 수가 180만 명이나 늘어났을 정도다(180명이 아닌 180만 명이다!).

　자크뮈스는 1년 후에도 파리 인근의 밀밭에서 패션쇼를 열었다. 이

때는 코로나 팬데믹이 터진 지 얼마 지나지 않은 시점이었다. 다른 패션 브랜드들이 새로운 컬렉션을 온라인으로만 중계할 때, 자크뮈스는 야외로 나간다는 역발상을 한 것이다. 사방이 온통 밀밭인 600미터쯤 되는 길을 수십 명의 모델이 줄지어 걸어가는 진풍경이 연출됐고, 자크뮈스의 패션쇼는 또 한 번 대박을 터뜨렸다.

지금껏 한 번도 보지 못했던 황홀한 시골 패션쇼 2. 한 폭의 그림 같았다. 영화보다 더 영화 같았다.(출처: 유튜브 '자크뮈스')

자크뮈스는 460만 명이 팔로우하는 자신의 인스타그램 계정도 고향과 자연 사진으로 채운다. 어릴 적 엄마 품에 안겨 있는 꼬마 자크뮈스, 따사로운 햇살이 가득한 마르세유의 그림 같은 풍경, 자크뮈스가 고향 집에서 외할머니와 춤을 추는 광경(자크뮈스의 외할머니 사랑은 각별하다. 외할머니와 함께 패션 잡지 〈엘르〉의 커버에 등장할 정도) 등.

자크뮈스는 마르세유 방문객을 위한 시티 가이드 'MON MARSEILLE'를 만들어 인스타그램에 공개한 적도 있다. 자크뮈스가 아끼는 프로방스의 카페와 맛집, 숙소 및 쇼핑 플레이스를 대방출한 것이다. 이런 자크뮈스에게 '프로방스 최고의 홍보대사'라는 별명이 붙은 건 자연스러운 일이었다.

외할머니와 함께 〈엘르〉 커버에 등장한 자크뮈스. 외할머니는 자크뮈스의 옷을 가장 잘 소화하는 뮤즈다.(출처: 자크뮈스 인스타그램)

도시와 시골의 멋짐이 골고루 섞여 있는 자크뮈스의 인스타그램.(출처: 자크뮈스
인스타그램)

자크뮈스는 프로방스 햇살이 키우고 들판이 길러낸 디자이너다. 파
리에 살면서도 여전히 프로방스를 잊지 않을뿐더러 이곳에서 휴가를
보내고, 디자인에 대한 영감을 얻고, 컬렉션까지 개최한다. 그리고 자
크뮈스가 세련되게 요리해서 내놓는 프로방스식 감성은 파리를 넘어
전 세계 도시인들을 사로잡았다. 시골 촌놈이 패션을 잘하지 못할 거
라는 오해에 대해서도 자크뮈스는 묵직한 한마디를 날렸다.

"많은 사람이 그러더군요. 당신은 농부 집안 출신이니까 패션이나
뷰티는 이해하지 못할 거라고요. 그런데 농부들은 아름다움에 집착하
는 가장 시적인 사람들입니다."

도시와 시골,
둘 중 하나를 선택해야 한다고?

유키 구라모토가 전라북도 김제의 작은 시골 마을을 찾았다. 세계적인 피아니스트가 광활한 논밭, 새벽녘의 김제 거리에서 대표곡 '로망스'를 연주하는 보기 드문 광경이 펼쳐졌다.

　뉴에이지 음악의 거장 유키 구라모토를 김제에 초대한 건 유튜브

유키 구라모토가 전북 김제에서 '로망스'를 연주하는 모습을 상상한 사람이 있었을까?(출처: 유튜브 '오느른')

채널 '오느른'이었다. 오느른은 MBC 최별 피디가 연고도 없는 김제에 4,500만 원짜리 폐가를 덜컥 사서 얼떨결에 시작한 유튜브 채널이다. 폐가를 고치는 과정, 이웃 할머니들과 친구가 되어가는 과정, 평온한 일상과 리얼한 노동까지 다채로운 시골 라이프를 보여주며 30만 구독자의 인기 채널이 됐다.

그런데 최별 피디는 아직도 MBC 소속이다. 김제의 집에 머물다가 가끔 MBC 본사로 출장(?)을 간다. 나는 예전에 최별 피디의 김제 집을 찾아 그녀를 인터뷰한 적이 있는데, 왜 다른 이들처럼 퇴사를 하고 귀농하지 않았을까 궁금했다. 그녀의 답이 인상적이었다.

"저는 도시가 싫어서 시골에 오게 된 것이 아니에요. 어떤 일을 하기 위해서 다른 하나를 포기해야 하는 극단적인 선택을 하는 것보다 또 다른 선택지가 있다는 사실을 아는 것이 어른스러운 것 같았어요."

최별 피디는 도시와 시골 어느 것 하나를 선택하는 대신 이 두 가지 장점을 섞는 '어른스러운' 결정을 내린 것이다.

최별 피디가 유키 구라모토를 김제로 초대한 것도 '섞기'의 연장선이었다. 새벽 도로 위, 황금빛 보리밭과 섞인 '로망스' 선율은 어떤 콘서트홀에서 듣던 연주보다 뭉클하고 새로웠다. 이후 가수 선우정아, 피아니스트 선우예권, 바이올리니스트 양인모가 김제에 있는 최별 피디의 집에 초대를 받아 공연했다. 시골 마을에 도시 사운드를 섞고 돌아갔다.

뜨거움과
차가움을
섞어라

청중의 마음을 사로잡는 법

관중을 미치게 하는 세리머니

축구선수의 골 세리머니 중 관중을 가장 흥분시키는 건 무엇일까? 손흥민의 찰칵 세리머니? 음바페의 팔짱 세리머니? 호날두의 호우 세리머니? 모두 멋지지만 효과 측면에서는 아마 이 세리머니가 최고가 아닐까 싶다.

　"쉿!"

"여러분, 저 골 넣었어요. 그런데 좀 조용히 해주세요."(출처: 유튜브 '웨스트햄 유나이티드 FC')

선수가 골을 성공시킨 후 마치 아무 일도 없었다는 듯 검지를 입에 가져다 대는 것이다.

얼핏 보면 자기편 응원단을 향해 조용히 하라며 찬물을 끼얹는 제스처로 보이지만, 관중은 더욱 격하게 환호하라는 메시지로 해석한다. 그리고 선수의 의도와는 다르게(?) 분위기가 더욱 달아오른다. 선수의 차분한 제스처와 흥분한 관중이 충돌해 핵탄두급 폭발력을 만들어내기 때문이다.

이건 개그맨이 정작 본인은 웃지 않는 것과도 같은 이치다. 관객을 한바탕 웃긴 개그맨이 같이 웃어버리면 김이 새지만, 별일 아니었다는 듯 무표정으로 일관하면 웃음이 증폭된다.

골 세리머니, 개그 등 대중을 상대로 하는 모든 커뮤니케이션이 마찬가지다. '뜨거움'과 '차가움'을 충돌시키면 파워풀해진다. 대중의 마음을 얻고 싶은 커뮤니케이터라면 청중의 감정을 뜨겁게 끌어올렸다가 차갑게 식히기도 하면서 밀당을 해야 한다. 이런 감정의 롤러코스터를 경험하는 중에 청중의 마음이 활짝 열리는 것이다.

이 장에서는 뜨거움과 차가움을 맞부딪쳐 사람들의 마음을 사로잡은 밀당의 귀재를 소개한다. 이들 중에는 용의자의 자백을 받아낸 경찰도 있고, 카리스마 넘치는 편집장 역할을 소화한 대배우도 있다. 또 압도적인 스피치로 청중의 마음을 파고든 연설가도 있다. 이 위대한 커뮤니케이터들에게 뜨거움과 차가움을 섞는 비법을 배워보시라. 대중의 마음을 사로잡을 수 있을 것이다.

나쁜 경찰관과 착한 경찰관

로버트 치알디니의 명저 《설득의 심리학》에는 경찰관들이 용의자의 자백을 끌어내는 한 기법이 소개된다. '착한 경찰관, 나쁜 경찰관' 전략이다. 이 전략이 사용되는 전형적인 상황은 대략 다음과 같다.

사건의 용의자인 젊은 남자가 취조실로 붙잡혀 왔다. 먼저 악역을 맡은 나쁜 경찰관이 나선다. 그의 임무는 취조하는 내내 용의자를 윽박지르는 것이다. 혐의를 부인하거나 질문에 제대로 대답하지 않으면 미친 듯이 화를 내며 고함을 친다. 가끔 의자를 걷어차기도 한다. 이때 착한 경찰은 한쪽 구석에서 나쁜 경찰의 악당 연기(?)를 잠자코 지켜본다. 그러다가 천천히 이들 사이에 끼어든다.

처음에는 나쁜 경찰에게 말을 걸며 험악한 분위기를 진정시킨다.

"이봐 프랭크, 너무 흥분한 것 같아. 진정하는 편이 좋겠어."

"살살해 프랭크. 아직 어린애잖아."

가끔은 친근하게 용의자의 이름을 부르며 사건의 긍정적인 부분도 언급한다.

"케니, 자네는 무장도 안 했고 상해를 입히지도 않았으니 정말 다행이야."

이윽고 착한 경찰은 슬슬 승부수를 띄울 준비를 한다. 나쁜 경찰관에게 돈을 쥐여주며 내보낸다.

"어이, 프랭크. 다 같이 커피나 한 잔씩 하자고. 나가서 커피 세 잔만 사다 줄래?"

곧이어 나쁜 경찰이 자리를 뜨고 착한 경찰은 젊은 용의자에게 '거절할 수 없는 제안'을 던진다.

"케니. 자네 인생이 아까워서 하는 말인데, 만일 지금 나에게 범행 사실을 자백하면 내가 아주 유리하게 조서를 써줄게. 우리가 서로 잘 협조하면 5년이 길어야 2년, 혹은 1년으로도 단축될 수 있어. 어떤가?"

착한 경찰의 달콤한 말에 젊은 용의자는 구세주라도 만난 듯 범행 사실을 시시콜콜 털어놓는다.

치알디니에 따르면 '착한 경찰관, 나쁜 경찰관' 전략은 경찰관들이 용의자를 심문할 때 가장 많이 사용하는 심리학 기법이다. 그만큼 이 방식의 효과가 뛰어나다는 의미일 텐데, 그 이유가 뭘까? 나쁜 경찰의 '차가운' 행동과 착한 경찰의 '따뜻한' 행동을 섞었기 때문이다.

나쁜 경찰로부터 차디찬 신고식을 치른 용의자는 착한 경찰관의 부드러운 호의에 무장 해제가 된다. 그야말로 냉탕과 열탕, 지옥과 천국을 차례로 경험하는 셈이다. 먼저 지옥의 쓴맛을 보고 온 용의자는 천사를 만나 마음이 녹아내리는 것이다. 만약 나쁜 경찰이 사전에 바람을 잡지 않았더라면 착한 경찰의 친절한 행동에 그다지 힘이 실리지 않을 것이다. 반대로 나쁜 경찰관 혼자서 강압적으로 밀어붙이기만 했다면 용의자는 마음의 문을 굳게 닫았을 것이다. 즉, 나쁜 경찰관의 차가움이 선행됐기에 그와 대비되는 착한 경찰관의 따뜻한 한마디가 마치 구세주의 음성처럼 들리게 되는 것이다.

그리고 구세주에게 고해성사를 하는 것은 용의자에게 그리 어색하지 않은 행동이었을 것이다. 마치 이솝 우화에서 폭풍우를 먼저 경험한 사내가 해가 뜨자마자 옷을 벗었던 것처럼. 이것이 차가움과 따스함을 섞었을 때 나오는 위력이다.

메릴 스트립이
〈악마는 프라다를 입는다〉에서
고함을 치지 않은 이유

메릴 스트립이 영화 〈악마는 프라다를 입는다〉에 출연하기로 했다는 소식을 들었을 때 이 영화의 각본가인 앨린 브로시 매켄나는 길거리에 털썩 주저앉아 울음을 터뜨렸다. 그녀는 전설적인 패션 잡지 〈런웨이〉의 편집장 미란다 프리슬리 역에 오로지 메릴 스트립을 염두에 두고 각본을 썼던 것이다(참고로 주인공 앤드리아 역을 따낸 앤 해서웨이의 캐스팅 순위는 아홉 번째였다).

각본가의 말이다.

"전 거기 앉아서 산꼭대기를 한번 올려다봤어요. 메릴 스트립이 출연한다면 이 영화가 완전히 다른 차원이 되리

메릴 스트립은 모든 영화인이 함께 일하고 싶어 하는 대배우다. 영화 〈악마는 프라다를 입는다〉의 각본가는 그녀가 캐스팅됐다는 소식을 듣고 울음까지 터뜨렸다.(출처: wikimedia commons)

라는 것을 알았죠."

그녀의 예상은 적중했다. 1977년에 데뷔해 아카데미 상을 세 번이나 받은(노미네이트는 무려 21회다!) 이 대배우는 이 영화에서 그야말로 차원이 다른 캐릭터를 창조해냈다. 메릴 스트립의 연기가 얼마나 대단했던지 상업영화임에도 아카데미 여우조연상 후보에까지 올랐을 정도다.

메릴 스트립이 연기한 미란다 프리슬리는 세계 패션계의 여왕으로 군림하지만, 늘 완벽을 추구하는 철두철미한 인물이다. 그만큼 직원들에게는 피도 눈물도 없는 냉혹한 상사로 악명이 높다. 메릴 스트립으로서는 이 표독스러운 상사를 설득력 있게 연기하는 것이 관건이었다. 미란다가 사무실에 출근한다는 소식에 전 직원이 긴장할 정도의 카리스마를 갖춰야 했다. 동시에 초일류 편집장다운 지적이고 우아한 모습도 잃지 않아야 했다.

미란다 프리슬리가 회사에 뜬다는 소식이 전해지면 사무실은 초긴장 상태가 된다.(출처: 〈악마는 프라다를 입는다〉)

메릴 스트립의 방법은 '섞기'였다. 불같은 성격에 차분한 말투를 섞었다. 뜨거움과 차가움을 충돌시켰다. 원작 소설《악마는 프라다를 입는다》에서 미란다 프리슬리는 신경질적이고 수시로 고함을 치는 캐릭터로 그려졌다. 여느 영화나 드라마에서 흔하게 볼 수 있는 다혈질 상사의 모습이었다. 그런데 메릴 스트립은 이 캐릭터를 달리 해석했다. 원작에서처럼 미란다가 시도 때도 없이 분노를 표출한다면 미란다 고유의 카리스마가 반감될 것으로 생각했다.

실제로 메릴 스트립이 주변을 관찰해본바 진짜 무서운 사람은 큰소리 한번 내지 않고도 감정을 드러냈다. 그들은 눈썹을 치켜세우는 것만으로도 할 말을 다하는 '포스'로 가득했다!

결국 메릴 스트립은 자신만의 미란다 프리슬리를 재창조했다. 은발의 쇼트커트에 창백할 정도로 투명한 메이크업으로 등장했다. 거의 모든 대사를 속삭이듯 무성의하게 처리했다. 누군가에게 화를 낼 때

메릴 스트립은 그녀만의 미란다 프리슬리를 재창조했다. 등장에서부터 관객을 압도했다.(출처: 〈악마는 프라다를 입는다〉)

도 목소리 톤의 변화 없이 조곤조곤 말했다(대신 100만 볼트짜리 레이저 눈빛을 쏘아댔다). 디자이너의 컬렉션을 참관하면서는 장황한 말을 늘어놓는 대신 사소한 몸동작으로 평가를 대신했다.

미란다가 부하 직원을 무섭게 몰아붙인 후에 내뱉는 얼음장 같은 한마디는 유행어가 됐다.

"That's all(나가 봐)."

메릴 스트립이 연기한 미란다 프리슬리는 영화 내내 한 번도 목소리를 높이지 않았다. 그럼에도 그녀는 이 영화에서 가장 뜨거운 인물이었다. 불같은 감정을 절절하게 드러내는 대신 꾹꾹 누르고 절제해서 내보냈기 때문이다.

임팩트 있는 캐릭터를 창조하고 싶다면 뜨거움과 차가움 어느 한쪽에만 치우치는 대신 이 둘을 조화시켜보시길. 10여 년이 흘러도 잊히

디자이너의 신규 컬렉션을 지켜보는 미란다. 고개를 한 번 끄덕이면 '굿', 두 번 끄덕이면 '베리 굿', 옅은 미소는 '극찬'이다. 저렇게 입술을 오므리는 건 '재앙'이었다.(출처: 〈악마는 프라다를 입는다〉)

지 않는 불멸의 캐릭터가 탄생한다. 메릴 스트립이 창조한 미란다 프리슬리처럼.

위대한 연설가들의 희한한 공통점

대중을 상대로 한 연설에도 뜨거움과 차가움의 순간이 공존해야 힘이 있다. 처음부터 끝까지 뜨거움으로만 가득한 연설은 정작 어느 한 부분도 뜨겁게 느껴지지 않는다. 모든 부분을 강조하기에 어느 한 부분도 중요하게 느껴지지 않는 것이다. 청중 입장에서는 무척이나 듣기 부담스러운 연설이다. 그래서 연설을 할 때는 힘을 줄 때와 뺄 때를 잘 구분해서 완급조절을 해야 한다. 이때 효과적으로 사용할 수 있는 카드가 '침묵'이다.

침묵은 예열하는 시간이다. 연사가 연설하던 도중에 말을 멈추면 공空의 상태가 되는데 이때는 연사의 숨소리마저 크게 들리고, 짧은 시간이라도 상당히 길게 느껴진다. 자연히 청중의 집중도는 배가되고, 바로 다음에 이어질 내용에 힘이 실리게 된다. 그래서 역사에 남을 만한 명연설가 중에는 침묵을 적시에 사용한 인물들이 많다.

연설의 달인 버락 오바마 전 대통령도 그중 한 명이다. 오바마 대통령의 재임 기간 중 최고의 연설로 꼽히는 찰스턴 총기 난사 사건의 추도식 연설을 들어보자.

"이번 주 내내 저는 '은혜'에 대해 생각했습니다. 사랑하는 사람을 잃은 가족들의 은혜, 피크니 목사가 설교에서 말하던 그 은혜, 제가 가장 좋아하고 우리가 모두 아는 찬송가 '어메이징 그레이스'에서 묘사된 그 은혜 말입니다."

여기까지 말한 후에 오바마는 잠시 침묵했다. 이제 가장 중요한 메시지가 선포될 거라는 일종의 예고편이었다. 청중의 궁금함이 최고조에 다달았을 찰나 오바마가 입을 열었고, 그의 입에서 흘러나온 건 말이 아닌 찬송이었다.

"나 같은 죄인을 살리신 그분의 은혜는 얼마나 놀라운가. 잃었던 길을 다시 찾았고. 멀었던 눈으로 이제는 볼 수 있네."

찬송가 '어메이징 그레이스'였다. 한때 아프리카에서 노예를 실어 나르는 배의 선장이었던 존 뉴턴이 회심하고 쓴 그 찬송이었다. 오바마 대통령은 총기를 난사한 범인을 '신의 은혜'로 용서한 희생자 유가

침묵으로 예열을 마친 후 '어메이징 그레이스'를 선창한 오바마 대통령. 모든 추모객이 기립해서 그를 따라 찬송을 불렀다.(출처: 유튜브 'C-SPAN')

족들을 떠올렸고, 그 은혜에 대한 감격을 말이 아닌 노래에 담아 표현한 것이다. 예상치 못한 대통령의 찬송 선창에 현장에 있던 6,000여 명의 추모객은 합창으로 화답했다.

오바마 대통령의 침묵이 메시지가 됐던 순간도 있다. 2011년 애리조나 총기 난사 사건의 희생자를 추모하는 연설 도중에도 오바마 대통령은 침묵했다. 총탄에 숨진 아홉 살 소녀 이야기를 꺼내면서였다. 그는 깊은 상념에 잠긴 듯 한동안 말을 잇지 못했는데 그 시간이 무려 51초였다. 연설 도중 51초의 침묵은 사고라고 할 수 있는 시간이지만, 이때의 침묵은 오바마 대통령의 메시지 자체였다.

이날 미국인들은 51초 동안 오바마가 지었던 절망스러운 표정에서, 울음을 참아내려 안간힘을 쓰는 모습에서, 대통령이기에 앞서 두 딸을 가진 아빠의 심정을 느낄 수 있었다. 아홉 살 소녀를 잃은 슬픔

오바마 대통령은 30여 분간 연설을 하던 중 갑자기 말을 멈췄다. 무려 51초간 침묵했다.(출처: 유튜브 'The Obama White House')

을 온 국민에게 공감시키는 데 대통령의 침묵은 어떤 말보다 효과적이었다.

역사상 가장 뛰어난 선동가로 손꼽히는 나폴레옹과 히틀러도 침묵의 힘을 아는 정치인이었다. 두 사람은 주로 연설을 시작하기 직전에 침묵했다. 나폴레옹은 전장으로 떠나는 병사들을 모아놓고 수십 초 동안 아무 말 없이 주위를 둘러보고 나서야 연설을 시작했다. 그 짧은 침묵의 시간 동안 나폴레옹의 카리스마가 완성됐다.

탁월한 웅변가였던 히틀러는 한술 더 떴다. 그가 연설을 하기 위해 베를린 광장에 입장할 때면 '바덴바일 행진곡'이 장엄하게 울려 퍼졌다. 이때 히틀러는 배후에서 청중을 가로질러 나옴으로써 분위기를 고조시켰다. 그런데 정작 연단에 올라서는 침묵했다. 수천 명의 군중을 보면서 아무 말 없이 콧수염과 이마를 매만졌는데, 그렇게 끈 시간이 무려 5분이었다. 청중이 그의 말에 완벽하게 집중할 준비가 될 때까지 기다린 후에야 그는 연설을 시작했다. 이 천부적 선동가의 침묵으로 독일인들의 가슴에 광기가 스며들었다.

역사에 남을 선동가였던 아돌프 히틀러도 침묵의 힘을 아는 정치인이었다.(출처: German Federal Archive)

섹시한 패션 잡지가
헬베티카 폰트를 편애하는 이유

사람들의 이목을 집중시키는 디자인에는 뜨거움과 차가움의 요소가 공존하는 경우가 많다. 세상에서 가장 임팩트 있는 국기라고 불리는 일장기를 보자. 흰 바탕에 태양을 상징하는 붉은 점이 찍힌 이 국기는 원래 일본 국적의 배를 구분하기 위해 디자인됐다. 도쿠가와 막부가 일본 항구를 출입하는 외국 배 사이에서 막부의 배를 분간하려고 디자인한 것이 바로 일장기였던 것이다. '일본 배'와 '외국 배'를 구분하는 선기船旗는 한눈에 띄어야 했다. 뜨거운 태양에 순백의 바탕을 대비시키는 것만큼 효과적인 디자인이 없었다.

뜨거움과 차가움이 합을 맞춘 디자인이 얼마나 위력적인지 알고 싶다면 만국기가 펄럭이는 스포츠 경기장을 찾아보시길. 갖가지 문양으로 채워진 다른 국기보다 '미친 듯이 심플한' 흰색 국기가 가장 먼저 눈에 들어올 것이다(다만, 한국 국민에게 별로 좋은 기억이 없는 국기라는 점이 유일한 단점).

눈에 띄는 비주얼이 생명인 패션 분야에서도 뜨거움과 차가움의 요소가 충돌하는 경우가 많다. 이때 자주 사용되는 폰트는 스위스 취리히 출신의 '헬베티카'다(헬베티카는 현재까지도 스위스의 여권, 관공서 서식, 안내 사인에 사용된다).

폰트에는 나름의 성격이 있다. 아방가르드 폰트는 실험적이다. 유

ABCDEFGHIJKLM
NOPQRSTUVWXYZ
abcdefghijklm
nopqrstuvwxyz
1234567890
$?&%@!#*()=

헬베티카는 딱히 멋을 부리지 않는데도 은근히 멋스러운 폰트다.(출처: Dafont free)

니버스 폰트는 우아하고, 타임스 로만 서체는 진중하다. 그에 비해 헬베티카는 다소 차분한 성격의 폰트라고 할 수 있다. 멋 부리지 않은, 미니멀하고 중립적인 폰트다.

그런데 이 헬베티카 폰트를 관능적인 이미지로 승부하는 패션지나 브랜드가 유독 편애한다는 게 아이러니다. 〈셀프서비스〉와 〈누메로〉 같은 잡지가 섹시하고 화려한 옷차림의 모델 이미지 위에 미니멀한 헬베티카 폰트의 텍스트를 올리는 식이다. 전혀 다른 성격의 폰트와 이미지가 충돌하니 도발적이면서도 이지적인 느낌의 비주얼이 탄생한

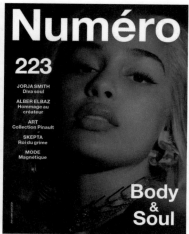

뜨거운 모델의 이미지 위에 헬베티카를 얹은 〈셀프서비스〉와 〈누메로〉 표지. 날라리와 모범생을 한곳에 모아둔 것처럼 생경한 비주얼이 완성된다.(출처: 〈셀프서비스〉 웹사이트, 〈누메로〉 웹사이트)

다. 이 잡지들이 표지에서부터 다른 평이한 패션지들과 차별화되는 것은 당연지사다.

　한때 야릇한 룩북으로 유명했던 아메리칸 어패럴도 헬베티카 서체를 즐겨 사용한 브랜드다. 이 브랜드는 모델의 글래머러스한 몸매를 부각하는 이미지로 이름이 높았는데 항상 정제된 느낌의 헬베티카를 사용해 균형을 맞췄다. 즉, 아메리칸 어패럴 룩북의 이미지는 뜨겁고, 폰트는 차가웠기 때문에 단지 야하고 천박한 화보에서 그치지 않았다. '작품'으로 인정받았다.

아메리칸 어패럴의 룩북에 헬베티카가 아닌 화려한 느낌의 폰트가 사용됐더라면 어땠을까? 다소 천박한 화보가 됐을 공산이 크다.(출처: 아메리칸 어패럴 광고)

익숙함과
낯섦을
섞어라

나영석, 봉준호처럼 창조하는 법

나영석 피디는
어떻게 30억대의 연봉자가 됐나

37억 원.

2018년 나영석 피디가 CJ ENM에서 수령한 연봉이다. 이재현 CJ 그룹 회장(약 23억 원)과 이미경 CJ그룹 부회장(약 26억 원)보다도 높은 금액이다. 나 피디의 '섞는' 능력에 대한 보상이었다.

"뻔한 것들을 충돌시켜서는 새로운 것이 나오지 않아요. 전혀 다른 극과 극의 사물을 일부러 쾅하고 부딪히게 하는 거예요. 그럼 거기서 뭔가 스파크가 일어나죠."

나영석 피디의 말이다.

나영석 피디의 '충돌'은 2014년 방영된 〈꽃보다 할배〉에서 시작됐다. 처음에는 예쁘고 섹시한 여성들이 배낭여행을 떠난다는 아이디어에서 출발했다. 그런데 어디선가 많이 본 것 같은 콘셉트였다. 누가봐도 차별성이 떨어졌다. 나영석 피디는 자신에게 다시 물었다.

'배낭여행과 가장 어울리지 않는 집단은 누구지?'

'70세 할아버지들'이라는 답이 나왔다.

배낭여행과는 상극에 있는 할아버지 배우 네 명을 섭외했다. 80대 중반의 의욕 넘치는 '직진순재' 이순재, 호기심 많은 '구야형' 신구, '로맨티스트' 박근형, '떼쟁이 막내' 백일섭. 50년 이상을 브라운관에서 활동해온 노배우들이 캐리어를 끌고 유럽을 휘젓고 다니는 모습을 찍어서 내보냈다.

할아버지들과 유럽 배낭여행의 충돌은 신드롬을 일으켰다. 〈꽃보다 할배〉는 케이블 TV 프로그램으로는 처음으로 10%가 넘는 시청률을 기록하며 2014년 최고의 히트작이 됐다. 미국, 호주, 독일, 프랑스 등에 판권이 판매되며 리메이크됐다. '꽃보다' 시리즈는 '꽃보다 누나', '꽃보다 청춘'으로 이어지며 연속 흥행을 이뤄냈다.

이후에도 나영석 피디는 계속해서 충돌을 만들어냈다. 〈신서유기〉는 나 피디가 과거 KBS에서 연출한 야생 버라이어티 프로그램 〈1박 2일〉과 중국 명나라 시대의 소설 《서유기》의 충돌이었다. 〈삼시세끼〉는 차승원, 이서진, 에릭 같은 도회적인 이미지의 연예인들과 시

누가 봐도 어울리지 않는 '배낭여행'과 '70대 할아버지'를 충돌시켰다. 〈꽃보다 할배〉라는 역대급 히트작이 탄생했다.(출처: 〈꽃보다 할배〉 포스터)

골 라이프의 충돌이었다. 〈알쓸신잡〉은 정치, 문학, 경제, 뇌 과학 등 다양한 분야의 지식 간 충돌이었다.

전혀 다른 극과 극의 사물을 충돌시키기, 이것이 나영석 피디가 히트작을 줄줄이 내놓는 1급 비밀이자 37억 원의 연봉을 받는 비결이다.

나영석 피디처럼 충돌을 빚어내는 크리에이터는 또 있다. 아카데미 감독상에 빛나는 봉준호 감독도 어울리지 않는 것끼리 섞는 데 일가견이 있다.

- 〈살인의 추억〉은 '농촌'에서 벌어지는 '스릴러'물이었다.
- 〈괴물〉에서는 백주대낮의 '한강'에서 '괴물'이 출몰했다.
- 〈설국열차〉에서는 탐욕이라는 동력으로 달리는 '자본주의'를 '설국열차'에 이식했다.
- 〈기생충〉에서는 '부잣집 저택' 밑에 '지하 벙커'가 숨겨져 있었다.

봉준호 감독은 2009년작 〈마더〉에서도 극과 극을 충돌시켰다. 살인 사건에 휘말린 아들을 위해 절대적 모성을 발휘하는 엄마 역에 노배우 김혜자를 캐스팅했다. '국민엄마 김혜자'와 '사이코'의 충돌이었다.

"저는 김혜자 선생님이 사이코, 미친 여자 같았어요. 광고에서 '그래, 이 맛이야' 할 때마다 국민엄마지만 저분에겐 뭔가 광기가 있다고 생각했죠. 그런 느낌을 받은 게 〈마더〉의 출발점이었습니다."

부잣집 저택 밑에 감춰져 있던 지하 벙커가 등장하는 순간 〈기생충〉은 전혀 다른 영화가 됐다.(출처: 〈기생충〉)

나영석 피디와 봉준호 감독의 공통점이 보이는가? 모든 이에게 익숙한 이미지를 찾아낸다(70대 할아버지 배우, 국민엄마 김혜자). 그 이미지

봉준호 감독은 〈마더〉에서 '국민엄마 김혜자'와 '사이코'를 충돌시켰다. 소름 돋을 정도로 섬뜩한 엄마 캐릭터가 탄생했다.(출처: 다시다 광고, 〈마더〉)

와 도무지 어울릴 것 같지 않은 것을 섞는다(배낭여행, 사이코). 그렇게 익숙하지만 낯선 새로움을 탄생시킨다(〈꽃보다 할배〉, 〈마더〉).

두 천재 크리에이터가 증명하듯, 누구나 익숙하게 받아들이는 그곳에 새로움의 요소가 있다. 거기에 낯선 무언가를 섞어 팽팽한 긴장감을 발생시키고, 지금껏 보지 못한 생경함을 만들어내는 것이 이들의 창조법이다.

그리고 현대미술계에도 이 마법의 공식을 치트키처럼 사용해온 크리에이터가 있다. 예술, 패션, 디자인 분야에서 닥치는 대로 섞어온 미국의 아티스트 톰 삭스다.

'진짜 짝퉁'을 만드는 크리에이터

톰 삭스와 나이키가 콜라보한 스니커즈 '나이키 마스야드'의 리셀가가 1,000만 원대까지 치솟았다. 원래 20만 원대에 출시된 이 제품은 '마스 야드Mars Yard'라는 이름 그대로 화성에서도 신을 수 있는 독특한 콘셉트의 신발이다. 극소량만 출시된 데다 지드래곤, 버질 아블로, 케빈 듀랜트 같은 글로벌 슈퍼스타들이 신고 있는 모습이 퍼져나가며 가격이 50배나 폭등했다.

비단 스니커즈만이 아니다. 톰 삭스가 손댄 작품은 늘 품귀 현상을 일으킨다. 톰 삭스가 나이키와 협업한 재킷, 가방, 판초우의는 고가임에도 출시 즉시 완판됐다. 톰 삭스가 버질 아블로의 오프화이트와 함께 만든 100달러짜리 티셔츠는 발매하자마자 리셀가가 500달러로 치솟았다. 2021년에는 한국의 아이돌 그룹 빅뱅의 멤버 탑이 톰 삭스가 그린 그림을 1억 5,000만 원에 구입한 사실이 알려져 화제가 됐다.

Nike Tom Sachs x NikeCraft Mars Yard 2.0 Mens Sneakers - Size 8.5
More options

$10,790.80 (US$8,555.00)
KicksCrew
$45.00 delivery

캐나다의 한 중고거래 사이트에 올라온 마스야드 2.0. 리셀가가 1,000만 원을 넘겼다.(출처: KicksCrew)

이처럼 톰 삭스는 다양한 영역에서 주목받는 크리에이터다. 조각가이자 화가이고, 또 필름 메이커다. 나이키와 함께 스니커즈를 만드는 신발 디자이너이고, 팔로워가 30만 명이 넘는 유명 인스타그래머다. 그럼 톰 삭스가 이렇게 '팔리는 아티스트'가 된 비결은 무엇일까?

하나는 인간적인 터치다. 톰 삭스는 모든 작품을 직접 손으로 만드는 '핸디맨'이다. 그의 작품에는 접착제가 덕지덕지 붙어 있고 연필과 나사 자국이 군데군데 나 있다. 심지어 톰 삭스의 작품마다 등장하는 그의 꼬불꼬불한 글씨마저도 무척 인간적이다. 톰 삭스의 말이다.

"저는 아이폰처럼 흠 없는 폰을 만들 수는 없습니다. 그러나 애플도

모든 작품을 손수 제작하는 톰 삭스에게는 '핸디맨'이라는 별명이 붙었다.(출처: 유튜브 '톰 삭스')

저처럼 만들 수 없을 겁니다. 제 작품에는 아이폰에서는 절대로 느낄 수 없는 인간적인 터치가 담겨 있거든요."

톰 삭스의 또 다른 인기 비결은 그의 트레이드 마크인 '재창조'에 있다. 톰 삭스는 아이코닉한 사물을 가져다가 자기만의 스타일을 심는 데 천재적인 실력을 발휘한다.

톰 삭스의 초기작 〈브로드웨이 부기우기〉를 살펴보자. 청년 시절 톰 삭스는 피에트 몬드리안의 그림 〈브로드웨이 부기우기〉에 깊이 매료됐다. 그러나 가난한 아티스트였던 그에게 이 작품은 언감생심이었다. 톰 삭스는 이 그림을 사는 대신 독창적으로 베끼기로 마음먹었다.

캔버스 위에 오일로 그린 원작 대신 톰 삭스는 합판 위에 테이프를 오리고 붙여 톰 삭스식 〈브로드웨이 부기우기〉를 완성했다. 그리고 이 작품을 '진짜 짝퉁Genuine Fake'이라고 떠들고 다녔다. 카피를 하기는 했는데 창조적으로 베꼈으니 완전히 새로운 작품이나 다름없다는 의미였다.

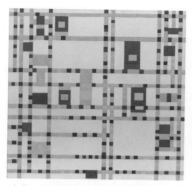

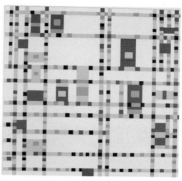

피에트 몬드리안의 〈브로드웨이 부기우기〉
원작.(출처: MoMA 웹사이트)

톰 삭스표 진짜 짝퉁 〈브로드웨이 부기우기〉.
(출처: 톰 삭스 인스타그램)

이토록 터무니없는(?) 톰 삭스식 재창조는 이후 진화를 거듭했다.
1990년대에는 대중이 열광하는 명품 패션 브랜드의 이미지를 취해
신기방기한 작품으로 만들어버렸다.

티파니 권총, 에르메스 수류탄, 샤넬 전기톱, 프라다 변기, 티파니
로 만든 맥도날드 해피밀 세트….

톰 삭스는 이런 작품들을 종이, 박스, 합판, 스티로폼 같은 부서지
기 쉬운 도구들로 만들었다. 그러고선 '이 시대 물질만능주의가 얼마
나 덧없고 부질없는지'를 보여주고자 했다고 설명했다. 하이엔드 브랜
드의 이미지를 빌려 그 위에 톰 삭스식 철학과 유머 코드를 더했더니
모두가 그의 작품을 가지고 싶어 했다. 톰 삭스는 현대미술계의 슈퍼

스타가 됐다.

샤넬 전기톱과 맥도날드 티파니 세트. 명품 브랜드의 이미지를 취해 톰 삭스식으로 재창조했다.(출처: 톰 삭스 인스타그램)

톰 삭스식 재창조의 절정은 미국 항공우주국NASA의 우주선 발사 프로그램을 구현한 〈스페이스 프로그램〉이었다. 톰 삭스는 어려서부터 NASA를 동경해왔는데 그에게 NASA는 '궁극의 패션 브랜드'이자 '과학계의 샤넬'이었다. 톰 삭스는 성공한 현대미술가가 된 김에(?) NASA에서 아폴로 우주선을 발사하는 모든 과정을 재현해보고 싶었다. 최초로 여성 우주비행사를 화성에 보낸다는 목표까지 세웠다. 아직까지 NASA도 이루지 못한 대담한 목표였다. 그야말로 블록버스터 프로젝트였다.

톰 삭스는 우주여행에 필요한 모든 도구를 손수 제작했다. 우주복, 우주기지, 관제센터, 우주비행선….

톰 삭스의 정성에 하늘도 감동해서였을까. 두 명의 여성 우주비행사가 화성에 안전하게 착륙했다! 초조한 마음으로 발사를 지켜보던

톰 삭스가 손으로 만든 우주선. 여성 우주 비행사를 화성으로 데려다줄 꿈의 우주선 이었다.(출처: 유튜브 'Louisiana Channel')

톰 삭스와 그의 크루들은 기쁨에 휩싸였다.

그런데 반전은 톰 삭스가 준비한 〈스페이스 프로그램〉이 대형 갤러리에서 펼쳐진 여섯 시간짜리 퍼포먼스였다는 사실이다. 즉, 톰 삭스가 손수 제작한 우주선은 움직이지 않는 모형이었으며, 화성 탐사도 실은 NASA의 우주여행을 흉내 낸 쇼에 불과했다.

여기서 더 황당한 사실은 톰 삭스와 그의 크루들은 자신들이 정말 우주를 다녀온 것으로 믿고 있다는 것이다. 톰 삭스가 주창하는 '공감 주술Sympathetic Magic' 때문이다(톰 삭스는 이 개념을 서아프리카의 종교인 부두교

여성 우주비행사들이 화성에 발을 내딛는 순간, 톰 삭스와 친구들은 얼싸안으며 기쁨을 나누었다.(출처: 유튜브 'COURIER-GAZETTE, Louisiana Channel')

에서 가져왔다).

"당신이 무언가를 카피하더라도 극단적으로 디테일을 추구하다 보면 그 안에서의 경험은 진짜 경험이 됩니다. 이것이 공감 주술입니다."

이것이 톰 삭스식 재창조의 실상(?)이다.

피에트 몬드리안, NASA, 샤넬 같은 유명 브랜드를 손수 카피한 후 '진짜 카피'라고 우긴다. 공감 주술이라는 희한한 이론까지 끌어들여 모두가 '진짜'로 믿을 때까지 밀어붙인다!

다행히 전시가 열릴 때마다 순순히 속아준(?) 관객들 덕분에 〈스페이스 프로그램〉은 세계적으로 큰 인기를 끌며 톰 삭스의 대표작으로 남았다. 2007년 시작된 〈스페이스 프로그램〉은 지금도 미국과 유럽 등지를 순회하며 공연을 이어가고 있다.

〈스페이스 프로그램〉이 톰 삭스에게 가져다준 또 다른 수확은 나이키와의 협업이었다. 톰 삭스와 나이키는 〈스페이스 프로그램〉의 서사를 바탕으로 화성에서도 신을 수 있는 신발(마스 야드)과 우주비행사를 위한 의류와 가방 등을 선보였다. 제품의 인기에 힘입어 톰 삭스와 나이키의 협업은 이후 10년 이상 이어졌다. 그로 인해 '현대미술가' 톰 삭스를 모르던 사람들도 '신발 디자이너' 톰 삭스의 이름을 기억하게 됐다.

톰 삭스식 창조법

"1 더하기 1은 100만이다."

현대미술계의 슈퍼스타 톰 삭스의 말이다. 그는 무에서 유를 창조하기보다 모두의 머릿속에 자리 잡은 익숙한 브랜드를 재료로 삼는 아티스트다. 피에트 몬드리안의 그림, 에르메스, 샤넬, NASA…. 여기에 핸드메이드, 공감 주술 같은 '톰 삭스다움'을 한 방울 섞어서 '1 더하기 1을 100만'으로 만드는 것이 톰 삭스식 창조법이다.

유튜브에는 톰 삭스가 뉴욕에 있는 노구치 뮤지엄에서 '티 세리머니'라는 퍼포먼스를 시전하는 동영상이 있다. 영상에서 그는 직접 제작한 티 세트를 어깨에 메고 입장한다. 미국의 성조기를 깔고 무릎을 꿇은 후에, 일본의 다도 장인에게 절을 한다. 스타워즈 요다 얼굴 모양의 플라스틱 통에서 캔디를 꺼내 장인에게 건네고, 휴대용 거품기로 녹차를 만들어 맛보게 한다. 일본식 전통 다도이면서 또 아니기도 한 퍼포먼스였다. 영상의 말미에 톰 삭스는 반쯤 무릎을 꿇은 상태에서 이런 말을 한다.

"저는 '티 세리머니'를 일본식 다도의 전통을 100% 존중하는 마음으로 준비했습니다. 그러나 학교에서 배우는 것처럼 그대로 받아들이지는 않았습니다. 제 삶의 경험을 녹여서 다시 세상에 알리고 싶었거든요."

톰 삭스식 재창조의 노하우가 이 한마디에 전부 담겨 있다.

톰 삭스는 일본식 다도 문화도 그만의 방식으로 재창조했다. 그의 다른 작품처럼 익숙하면서 새로웠다.(출처: JapanSocietyNYC)

아이와
어른을
섞어라

피터 팬을 상대로 돈을 버는 법

어른들을 위한
《아기 돼지 삼형제》이야기?

수년 전 이탈리아 볼로냐에서 열린 국제 아동 도서전에 참석했을 때의 일이다. 디자인 서적으로 유명한 이탈리아 꼬라이니 출판사의 부스에서 《아기 돼지 삼형제》 동화책을 발견했다. 이탈리아의 작가 스티븐 구아나치아가 쓴 이 책의 부제는 '건축 동화'다.

아기 돼지 삼형제가 집을 짓는다. 첫째 돼지는 철골 구조로, 둘째 돼지는 유리로, 셋째 돼지는 벽돌과 콘크리트로 집을 짓는다. 여기까지는 우리가 아는 《아기 돼지 삼형제》 스토리와 별반 다를 것이 없다.

그런데 돼지 삼형제가 완성한 집이 어디서 본 듯 낯익은 건축물이다. 자세히 들여다보니 전설적인 건축가들의 대표작이 아닌가! 첫째 돼지의 집은 프랭크 게리의 게리 하우스Gehry house, 둘째 돼지의 집은 필립 존슨의 글래스 하우스Glass House, 막내 돼지의 집은 프랭크 로이드 라이트의 낙수장Falling Water이다.

그러고 보니 호시탐탐 돼지를 노리는 늑대의 스타일도 범상치 않

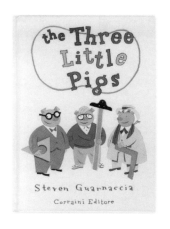

아기 돼지 삼형제가 사는 집은 낙수장 같은 유명 건축물이다. 섹시한 늑대의 소품들도 예사롭지 않다.(출처: Corraini Edizioni 웹사이트)

다. 셀린느의 크리에이티브 디렉터 에디 슬리먼이 디자인했을 법한 슬림한 가죽 재킷을 입고 레이밴의 선글라스를 걸쳤다. 늑대가 이동할 때 타는 오토바이는 산업 디자이너 필립스탁이 디자인한 Voxan GTV 1200이다.

사실 동화의 줄거리는 원작과 크게 다르지 않다. 늑대가 입김을 불자 게리 하우스는 날아가고, 글래스 하우스는 와장창 깨져버려 삼형제는 막내 돼지의 낙수장으로 모여든다. 이곳에서 형제들은 힘을 모아 공공의 적 늑대를 격퇴한다는 내용이다. 이야기 사이사이에 등장하는 건축물과 가구, 소품이 시대별 아이콘이라는 것이 이 책의 색다른 점이다.

어린이들이 이처럼 수준 높은(?) 《아기 돼지 삼형제》 이야기를 즐길수 있을까 싶지만, 이 동화책의 타깃은 어린이가 아니다. 《아기 돼지 삼형제》 원작을 건축과 디자인 관점에서 풀어낸 '어른을 위한 동화'였던 것이다.

한 가지 흥미로운 사실은 이 책을 쓴 스티븐 구아나치아의 다음 작품 역시 《신데렐라》 이야기를 성인 버전으로 각색한 '패션 동화'라는 점이다. 계모와 언니들이 입은 옷은 장 폴 고티에와 이세이 미야케, 신데렐라가 왕자를 만나러 갈 때 입은 드레스는 비비안 웨스트우드, 자정이 되어 나오느라 왕궁에 떨어뜨린 신발은 프라다였다.

어른들을 위한 《신데렐라》 동화책. 아이들은 잘 모르는 어른들의 명품 브랜드가 줄줄이 등장한다.(출처: Corraini Edizioni 웹사이트)

여덟 살 꼬맹이가 입는
슈프림 청바지?

패션 대기업에 다니던 친동생이 독립해 의류 사업을 시작했다. 브랜드의 이름은 '선데이 도넛 클럽'이다. 도시에 사는 (그리고 일요일에 도넛을 즐겨 먹는) 힙한 어린이를 위한 옷을 만든다. 선데이 도넛 클럽의 옷은 백화점에서 판매하는 꼬마 왕자님과 공주님 풍의 샤방샤방한 아동복들과는 결이 다르다. 1990년대 미국 스트리트 컬처에서 영감을 받은 의류다. 마치 슈프림과 팔라스, 휴먼메이드 같은 스트리트웨어의 주니어 버전 같은 느낌이랄까.

선데이 도넛 클럽의 룩북에는 살짝 불량스러운 분위기의 소년들이 등장한다. 보통의 엄마들이 꿈꾸는 전형적인 모범생과는 거리가 있지만, 운동도 잘하고 스타일도 좋아 친구들을 몰고 다닐 것 같은 소년들이다(이런 색다른 소년미를 알아보는 눈 밝은 엄마들이 이 브랜드의 옷을 구매한다).

아동복의 클리셰를 타파한

"슈프림 모델이 아닙니다. 선데이 도넛 클럽 모델입니다."(출처: 선데이 도넛 클럽)

결과 선데이 도넛 클럽은 등장하자마자 시장을 '씹어먹는' 중이다. 매 시즌 완판 행렬을 이어가더니 2022년부터는 캐나다 소재의 고급 스트리트웨어 편집숍 센스ssense에 입점해 수출까지 시작했다.

어른을 위한 동화책 《아기 돼지 삼형제》와 《신데렐라》, 어른 옷보다 어른 옷 같은 선데이 도넛 클럽의 성공을 지켜보면서 나는 어른을 공략하는 최고의 방법은 어른과 아이를 섞는 것이라는 사실을 알게 됐다. 즉, 천진난만한 아이의 탈을 쓰고(?) 어른들의 세계에 접근하는 것이다.

이 방식이 통하는 이유는 간단하다. 지난 몇 년간의 키덜트 열풍이 증명하듯 모든 어른의 마음속에는 자라지 않은 어린아이가 있으니까 (한때 아이들의 장난감이었던 레고가 갈수록 성인용 제품을 늘리는 것도 그 때문이다. 자녀보다 레고에 더 진심인 아빠·엄마들이 폭발적으로 늘어났다). 어른이 시도하기엔 낯부끄러운 일도 아이가 하면 관대하게 받아들여지니까.

그리고 일본에는 아이와 어른의 특성을 섞은 그림으로 전 세계에서 가장 비싼 예술가로 등극한 인물이 있다. '일본의 앤디 워홀'이라고 불리는 무라카미 다카시다.

어린아이처럼 그리는 재능

생전에 피카소는 "라파엘로처럼 그리는 데 4년이 걸렸지만 아이처럼 그리는 데는 평생이 걸렸다"라고 말했다. 그래서 피카소의 그림은 독창적이지만 난해하지 않다. 심지어 나 같은 범인도 따라 그릴 수 있을 것처럼 쉬워 보인다!

고수들은 대개 피카소처럼 한다. 무거운 주제를 가지고도 아이처럼 말하고, 아이처럼 그린다. 이들의 작품은 본능적으로 이해할 수 있을 정도로 쉽고 직관적이다.

그런 면에서 무라카미 다카시도 고수라고 할 수 있다. 해바라기, 문어, 요괴, 도라에몽, 미키 마우스…. 그의 작품에 등장하는 소재들은 매우 유아스럽다. 색감과 선은 지나칠 정도로 발랄하고 깜찍하다. 보는 순간 단박에 매료되는, 알록달록 예쁘고 화사한 작품이 주를 이룬다.

반전은 일곱 살짜리 아이의 그림 같은 무라카미 작품의 타깃이 어린이가 아닌 어른이라는 데 있다. 즉, 무라카미는 철저히 '어른'을 위

무라카미 다카시는 앙증맞은 귀여움과 기괴함으로 현대미술 컬렉터들을 홀리는 중이다.(출처: 무라카미 다카시 인스타그램)

해서 '아이'처럼 그리는 작가다.

여기에는 나름의 이유가 있다. 무라카미는 어릴 적부터 만화와 애니메이션에 미친 사내였다. 만화가가 되기를 오랫동안 꿈꿨지만 타고난 그림 실력이 모자랐다. 어쩔 수 없이 만화가가 되기를 포기하고 다른 길을 모색하던 중 찾은 답이 '심오한 주제'를 '유치찬란하게' 표현하는 것이었다(심지어 무라카미는 그림을 직접 그리지 않고 작품의 콘셉트를 잡아 지시를 내리는 역할을 맡는다. 실제 그림은 그의 조수들이 그리는 경우가 대부분이다).

무라카미는 "오락에 마비된 현대인의 감성을 뒤흔들고자" 지독히도 깜찍한 애니메이션 캐릭터를 창조해냈다. 이 캐릭터를 통해 자신을 위시한 현대인들의 욕망을 드러냈다. 욕망꾼 무라카미의 작품은 깜찍함과 외설 사이를 넘나들었다. 그리고 예술의 중후함을 탈피한 밝고 가벼운 '어른' 그림에 전 세계 부호들의 지갑이 열렸다.

이후 무라카미의 작품은 미술관과 갤러리에 갇히지 않고 피겨, 영상, 만화, 게임, 패션을 통해 대중 속으로도 파고들었다. 무라카미가 새로운 조각을 제작하면 이듬해에는 대중이 누구나 살 수 있는 미니어처 피겨가 시장에 쏟아져 나오는 식이었다. 2008년 무라카미 다카시는 자신의 작품 '카이카이키키'라는 이름으로 회사를 설립했다('카이카이키키怪怪奇奇'는 괴상하고 기이하다는 뜻이다). 방석·베개·가방·티셔츠 등 본인의 작품을 상품화한 다양한 굿즈를 판매 중이다.

미국 뉴욕의 록펠러센터가 무라카미의 작품을 설치했고, 프랑스 베

욕망을 스스로 해결하는 인간의 태생적 슬픔을 표현하기 위해 자신의 정액을 하늘로 뿜어대는 나체 조각 〈마이 론섬 카우보이〉(많은 이들의 소유욕을 자극한 이 작품은 2008년 소더비 뉴욕 경매에서 1,516만 달러(약 170억 원)에 낙찰됐다).(출처: 무라카미 다카시 인스타그램)

남성들의 성적 욕망을 드러내는 초현실적인 몸매의 미소녀 조각품 〈미스 코〉.(출처: artsy)

끊임없는 성장과 개발 만능주의 속에서 결코 채워지지 않는 인간의 욕망을 상징하는 〈미스터 도브〉.(출처: artsy)

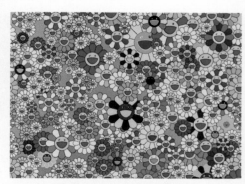

히로시마·나가사키 원자폭탄 투하에서 영감을 받아 활짝 웃는 얼굴 이면에 숨겨진 절망과 공포를 담은 〈카이카이키키〉.(출처: artsy)

르사유 궁전에서는 그의 초대전이 열렸다. 힙합 뮤지션 카니예 웨스트와 퍼렐 윌리엄스는 앨범 커버와 뮤직비디오 연출을 무라카미에게 맡겼다.

2003년부터 12년 동안이나 진행된 루이비통과의 콜라보는 무라카미 다카시의 이름을 전 세계에 알린 결정적 한 방이었다. 당시 루이비통을 이끌던 마크 제이콥스의 요청으로 무라카미는 100년이 넘은 이 전통의 브랜드에 '유치찬란함'을 심었다. 컬렉션의 이름은 '멀티컬러 모노그램'이다.

무라카미 다카시는 93가지 배색으로 루이비통 로고를 장식했다. 루이비통의 흰색 백에는 36개의 모노그램을 알록달록한 캔디처럼 수놓았다. 루이비통의 시그니처인 백에는 방긋 웃는 벚꽃을 새겨 넣었다.

무라카미와의 협업으로 루이비통은 엄숙하고 무거웠던 이미지를 쇄신했다. 세계 디자인계에 아트 마케팅 또는 예술과 브랜드의 융합이라는 유행을 만들어냈다. 이 콜라보의 열기가 얼마나 뜨거웠던지 〈타임〉은 2008년 세계에서 가장 영향력 있는 100인 중 한 사람으로 무라카미를 뽑았을 정도다. 루이비통의 성공을 목도한 슈프림, 반스, 슈에무라, 유니클로, 위블로 같은 브랜드도 무라카미와 손잡고 그의 작품을 제품에 새겼다.

지금까지도 무라카미 다카시는 전 세계에서 가장 잘 팔리는 작가 중 한 명이다. 그의 작품은 해마다 경매 시장에서 200억 원어치 이상

무라카미 다카시와의 콜라보를 통해서 '할머니 브랜드' 루이비통은 회춘했다. 무라카미는 세계에서 가장 잘 팔리는 아티스트로 등극했다.(출처: 루이비통 광고)

이 거래된다. 인스타그램 팔로워 수는 255만 명이 넘는다. 무라카미 다카시가 어른들의 솔직한 욕망을 현기증이 날 정도로 깜찍한 애니메이션으로 표현한 결과다.

　한때 만화가를 꿈꿨던 이 남자에게는 잘 그리는 능력보다 아이처럼 그리는 재능이 더 가치 있었다. 피카소가 말한 그대로였다.

아이처럼 말하면 심오한 말도 들린다고?

무라카미가 증명한 히트 공식은 단순하다. 어른들의 세계에 아이를 끌어들이기. 적어도 10년 이상 살아남은 아이 캐릭터 중에 유독 조숙한(?) 꼬마가 많다는 사실도 이 공식의 효과를 증명한다.

- 어른스러운 이성 취향을 지닌 다섯 살짜리 꼬마 '짱구'
- 변태 취향을 가진 귀여운 테디베어 인형 '19금 테드'
- 깜찍한 외모로 미국 사회의 부조리를 드러내는 '심슨 가족'

모두 순진한 얼굴로 어른도 쉽게 못 하는 짓(?)을 스스럼없이 하는 캐릭터로, 어른과 아이 양쪽 모두에게 사랑받는다. 어른이 하면 변태라고 손가락질받을 만한 행동도 이 꼬마들이 저지르면 가볍게 웃어넘기게 된다. 심지어 어린이 시청자들까지도 자신과 같은 또래 아이의 일탈에 대리만족을 느낀다(정작 이 만화들의 수위 때문에 아이들에게는 쉽사리 보여주기 힘들다는 게 함정이지만).

아이의 탈을 쓰는(?) 커뮤니케이션은 아주 심각한 메시지를 전달하는 데에도 효과적이다. 예컨대 당신이 사회에 던지고 싶은 공익적인 메시지가 있다고 하자. 문제는 그 메시지가 상당히 무겁고 지루하다는 것이다. 예를 들면 지하철역에서 꼭 지켜야 하는 안전수칙 같은. 어떻게 하면 사람들의 귀를 열 수 있을까?

2013년에 등장한 3분짜리 광고 '바보같이 죽는 방법Dumb Ways to Die'처럼 하면 된다. 이 광고는 호주 멜버른 철도공사에서 지하철 안전에 대한 경각심을 불러일으키기 위해 제작했다. 광고라기보다는 귀여운 캐릭터들이 등장하는 한 편의 뮤직비디오 같은 영상으로, 사람들이 어이없게 죽는 방법들을 하나하나 친절하게(?) 알려준다. 머리카락에 불을 붙이거나, 유통기한이 지난 약을 먹거나, 사이코 살인마를 집에 초대하거나, 토스터에 포크를 찔러 넣어 전기에 감전되거나, 본드를 통째로 먹거나, 독사를 애완용으로 기르거나…. 그리고 끝에 가서야 지하철역에서 부주의로 죽을 수 있는 방법 몇 개를 슬그머니 소개한다. 플랫폼 가장자리에 서 있다가 철로로 떨어지거나, 차단기를 무시하고 철길을 지나가거나, 철로를 무단으로 건너가거나….

호주 멜버른 철도공사는 철저히 공급자가 아닌 시청자 중심으로 생각했다. '지하철 안전수칙을 듣고 싶어 하는 사람이 세상에 있을까?'

그래서 영상에는 '~을 해라', '~을 하지 마라' 같은 얘기는 전혀 나오지 않는다. '바보같이 죽는 법'에 대한 소중한 노하우(?)를 전수해주

토스터에 포크를 찔러 넣어 전기에 감전되거나, 독사를 애완용으로 기르거나…. 사람들이 바보처럼 죽을 수 있는 거의 모든 방법을 노래로 알려준다. 귀에 쏙쏙 박힌다.(출처: '바보같이 죽는 방법' 광고)

이 광고가 전하고자 하는 진짜 메시지는 맨 뒤에 나온다. 지하철역에 서 바보처럼 죽는 법이다.(출처: '바보같이 죽는 방법' 광고)

는 것이 전부다. 장난기 가득한 노랫말에 깜찍한 캐릭터, 중독성 있는 멜로디를 섞으니 어른은 물론 아이들까지 눈을 반짝이며 볼 수 있는 콘텐츠가 탄생했다.

'바보같이 죽는 방법'을 색다르게 알려준 결과는 놀라웠다. 유튜브 조회수가 9억 뷰를 넘겼다. 칸 국제광고제에서 역사상 최초로 다섯 개 부문의 그랑프리를 수상했다. 무엇보다 멜버른시에서 철도 사고가 무 려 21%나 감소했다! 어른들의 심오한 메시지를 아이의 탈을 쓰고 전 한 결과였다.

100번 넘게 읽은
책이 있었다

중학교 2학년 때 아버지의 서재에서 《포지셔닝》을 처음 접했다. 알리스와 잭 트라우트가 1981년에 출간한 마케팅의 바이블이다. 그 책에는 차별화를 가능케 하는 1급 기밀이 담겨 있었다.

"소비자의 머릿속에 새로운 사다리를 만들고, 그 사다리에서 첫 자리를 차지하라."

마치 맹인이 눈을 뜬 기분이었다. 나는 오랜 세월 이 책을 성경처럼 끼고 살았다. 광고 마케팅 현장에서 '포지셔닝' 이론이 완벽하게 통하는 것을 경험했다.

그러던 중 한 가지 갈급함이 생겼다. 바로 포지셔닝에 대한 구체적인 방법론이었다.

'새로운 사다리를 만드는 가장 효과적인 방법은 무엇일까?'

내가 찾은 답은 '믹스'였다.

'믹스'는 사람들의 머릿속에 들도 보도 못한 사다리를 만드는 최고의 방법이었다. 버질 아블로, 스티브 잡스, 나영석, 버락 오바마 같은 세계 최고의 히트 메이커들은 모두 섞어서 자신만의 사다리를 만들고 있었다. 한마디로 이들은 '포지셔닝의 귀재'이자 '믹스의 천재'들이었다!

나는 이 책을 포지셔닝에 대한 구체적인 방법론을 알려주는 《포지셔닝》의 실전편이라고 생각하면서 썼다. 내가 중학교 2학년 때부터 줄곧 궁금해하던 질문에 대한 답이었다. 그래서 나는 이 책이 차별화를 이루고자 하는 모든 사람들에게 유용한 지침서가 되리라 확신한다.

새로운 사다리를 만들고 싶다면 이질적인 것을 섞어보시길.
자신만의 사다리에서 첫 자리를 차지하시길.
그로 인해 물건이 팔리고, 사람이 팔리고, 모든 것이 팔려나가는 경험을 해보시길.

행운을 빈다.

참고 자료

프롤로그

- 《지속하는 힘》, 고바야시 다다아키 지음, 정은지 옮김, 아날로그
- 《손정의 300년 왕국의 야망》, 스기모토 다카시 지음, 유윤한 옮김, 서울문화사

1 섞으면 물건이 팔린다

다윗과 골리앗을 섞어라

- "[백영옥이 만난 '색다른 아저씨'] 디자이너 조수용", 〈경향신문〉
  https://m.khan.co.kr/feature_story/article/201309272011535#c2b

A급과 B급을 섞어라

- 《배민다움》, 홍성태 지음, 북스톤
- "佛 디자이너 브랜드 베트멍, 한국 짝퉁을 비웃다", 〈매일경제〉
  https://www.mk.co.kr/news/business/view/2016/10/724015
- "가수 싸이에서 엔터테인먼트 회사 CEO로 박재상 피네이션 대표", 월간 〈디자인〉
  https://m.post.naver.com/viewer/postView.nhn?volumeNo=31068727&m
  emberNo=34550514&fbclid=IwAR2xwbD9OAQByWS7moWMV3nhL74_
  WNAYkBB26kjywYpltyMl_rlJLBMAAoM

기술과 인간을 섞어라

- 《스티브 잡스》, 월터 아이작슨 지음, 안진환 옮김, 민음사

사기업과 NGO를 섞어라

- "위기가 드러낸 자본주의의 3가지 태생적 한계", 〈머니투데이〉
  https://news.mt.co.kr/mtview.php?no=2011110612285672961&outlink=1&ref=https%3A%2F%2Fsearch.naver.com
- "Occupy Harvard? Students Protest Course Of Romney Advisor Gregory Mankiw", 〈WBUR〉
  https://www.wbur.org/radioboston/2011/11/02/mankiw
- 《마켓 3.0》, 필립 코틀러 지음, 안진환 옮김, 타임비즈
- "Patagonia shows corporate activism is simpler than it looks, Andrea Chang", 〈Los Angeles Times〉
  https://www.latimes.com/business/story/2021-05-09/patagonia-shows-corporate-activism-is-simpler-than-it-looks
- "How Dutch Bros. Coffee Conquered Oregon's Soul", 〈Portland Monthly〉
  https://www.pdxmonthly.com/news-and-city-life/2016/05/how-dutch-brothers-coffee-conquered-oregon-s-soul
- "WORKING AT DUTCH BROS", 유튜브 온라인 비디오 클립
  https://www.youtube.com/watch?v=hNeerkXWzHc

따분함과 즐거움을 섞어라

- 《전설로 떠나는 월가의 영웅》, 피터 린치·존 로스차일드 지음, 이건 옮김, 국일증권경제연구소
- "우루사 슬리퍼, 참이슬 가방… 가성비보다 '가잼비'", 〈조선일보〉
  https://www.chosun.com/site/data/html_dir/2020/07/17/2020071702594.html?utm_source=naver&utm_medium=original&utm_campaign=news
- "재미·소통 더하니…쇠락한 브랜드 살아났죠", 〈매일경제〉
  https://www.mk.co.kr/news/business/view/2021/12/1138370/

OLD와 NEW를 섞어라

- 《타인의 고통》, 수전 손택 지음, 이재원 옮김, 이후

- 《나음보다 다름》, 홍성태·조수용 지음, 북스톤
- "유인양품 № 01 — 비즈빔", 〈THE NAVY Magazine〉
  https://thenavymagazine.com/thu/style-visvim-hiroki-nakamura
- "[제2 중흥기 맞은 NBA의 비결] SNS·글로벌화로 스타 부재 메우다", 〈월간중앙〉
  https://jmagazine.joins.com/economist/view/310413
- "NBA Commissioner Adam Silver has a game plan", 〈strategy+business〉
  https://www.strategy-business.com/article/NBA-Commissioner-Adam-Silver-Has-a-Game-Plan

필수품과 사치품을 섞어라

- "아침엔 스타벅스, 저녁엔 홀푸드와 경쟁하는 편의점", 〈티타임즈〉
  https://ttimes.co.kr/article/2021032217467766572

2 섞으면 사람이 팔린다

모범생과 날라리를 섞어라

- "[포춘US] 골드만 삭스의 관습 철폐하기", 〈포춘코리아〉
  http://www.fortunekorea.co.kr/news/articleView.html?idxno=12085

본캐와 부캐를 섞어라

- "Virgil Abloh: the red-hot renaissance man shaking up fashion", 〈The observer〉
  https://www.theguardian.com/global/2019/jun/30/virgil-abloh-the-red-hot-renaissance-man-shaking-up-fashion
- "'광고 천재'로 불리는 배우 라이언 레이놀즈의 '패스트버타이징' 전략",
  〈BrandBrief〉
  http://www.brandbrief.co.kr/news/articleView.html?idxno=4535

- "'데드풀' 스타 라이언 레이놀즈, 7200억원에 주류업체 매각", 〈조선비즈〉
  https://biz.chosun.com/site/data/html_dir/2020/08/18/2020081802446.
  html?utm_source=naver&utm_medium=original&utm_campaign=biz
- "이시영, 지금까지 이런 여배우는 없었다", 〈보그코리아〉
  https://www.vogue.co.kr/2021/02/05/%EC%9D%B4%EC%8B%9C%
  EC%98%81-%EC%A7%80%EA%B8%88%EA%B9%8C%EC%A7%80-
  %EC%9D%B4%EB%9F%B0-%EC%97%AC%EB%B0%B0%EC%9A%B0%E-
  B%8A%94-%EC%97%86%EC%97%88%EB%8B%A4/

덕후와 방송국을 섞어라

- "코로나 집콕, 불타는 창작열… 출판사 메일함에 투고 넘친다", 〈조선일보〉
  https://www.chosun.com/culture-life/book/2021/04/27/BZELRTFRUZ
  BA5L64MTP6DPMBU4/
- 《미치지 않고서야》, 미노와 고스케 지음, 구수영 옮김, 21세기북스
- 《타란티노: 시네마 아트북》, 톰 숀 지음, 윤철희 옮김, 제우미디어
- 《곤도 마리에 정리의 힘》, 곤도 마리에 지음, 홍성민 옮김, 웅진지식하우스

창조자와 모방자를 섞어라

- 《발칙한 예술가들》, 윌 곰퍼츠 지음, 강나은 옮김, 알에이치코리아
- "윌리엄 더건 컬럼비아大 교수 '직관은 노력의 산물", 〈매일경제〉
  http://mba.mk.co.kr/view.php?sc=30000001&cm=20100703&year=2010&
  no=349126&selFlag=&relatedcode=
- "칸예 웨스트, 프로듀싱을 위해 90년대 모든 힙합 앨범 재현했었다",
  〈HIPHOPPLAYA〉
  https://hiphopplaya.com/g2/bbs/board.php?bo_table=hiphoptalk2&wr_
  id=1811
- "[김인수의 사람이니까 경영이다] 모방의 제왕이 가장 창조적", 〈매일경제〉
  https://www.mk.co.kr/opinion/columnists/view/2012/05/303593/

세일즈맨과 디자이너를 섞어라

- 《감성 디자인》, 도널드 노먼 지음, 박경욱·이영수·최동역 옮김, 학지사
- 《창의융합 프로젝트 아이디어북》, 조준동 지음, 한빛아카데미
- "경영을 혁신하는 디자이너 김봉진", 월간 〈디자인〉
  http://mdesign.designhouse.co.kr/article/article_view/101/76180
- 《지적자본론》, 마스다 무네아키 지음, 이정환 옮김, 민음사
- "노티드도넛 다운타우너버거 카페어니언…2030 핫플 의외의 공통점은?",
  〈매일경제〉
  https://www.mk.co.kr/news/business/view/2021/08/742845/
- 《돈버는 식당, 비법은 있다》, 백종원 지음, 청림출판
- "노티드 도넛·다운타우너…손만 대면 '대박' GFFG 성공 비결은", 〈매일경제〉
  https://www.mk.co.kr/economy/view.php?sc=50000001&year=2022&
  no=42934

3 섞으면 모든 것이 팔린다

창조성과 제약을 섞어라

- 《블록버스터 법칙》, 애니타 엘버스 지음, 이종인 옮김, 세종서적
- "초저예산 아일랜드영화 〈원스〉는 어떻게 대박을 터뜨렸나", 〈프레시안〉
  https://www.pressian.com/pages/articles/85986
- 《지그재그, 창의력은 어떻게 단련되는가》, 키스 소여 지음, 유지연 옮김, 청
  림출판

- "[트위터 10년] 140자, 속보와 창의력의 씨앗이 되다", 〈헤럴드경제〉
  http://mbiz.heraldcorp.com/view.php?ud=20160321000159

한국과 세계를 섞어라

- "BTS, 한국 문화가 아닌 세계 문화를 세계에 가장 현란하게 보여줘", 〈한국일보〉
  https://www.hankookilbo.com/News/Read/201811261725373623
- "'오징어 게임'과 치킨…가장 한국적이라 세계적인가", 〈중앙일보〉
  https://www.joongang.co.kr/article/25030994#home
- 《한국적인 것은 없다》, 탁석산 지음, 열린책들
- "[김지수의 인터스텔라] '오래 버텼다, 잘 섞었다, 이날치가 되었다' 장영규",
  〈조선일보〉
  https://biz.chosun.com/site/data/html_dir/2021/01/01/2021010100924.
  html
- "조선의 힙합, 이날치 '범 내려온다' 광고, 한복 패션, 스타일", 바비뷰티패션
  랩 블로그
  https://babichoco.com/9
- "폐기 구가 전하는 다양한 메시지", 〈바자코리아〉
  https://www.harpersbazaar.co.kr/article/58814
- "한국선 '미래 없다'던 말괄량이, 세계 홀린 DJ로", 〈조선일보〉
  https://www.chosun.com/site/data/html_dir/2020/04/15/2020041500085.
  html
- 《데스티니: 하나님의 계획》, 고성준 지음, 규장

시골과 도시를 섞어라

- "자크뮈스, 절망 속에서 꽃피운 사랑의 패션", 〈ㅍㅍㅅㅅ〉
  https://ppss.kr/archives/241813
- "쓰러져 가는 폐가를 4,500만 원에 구입했어요", 토스 '마이머니스토리'
  https://blog.toss.im/article/mymoneystory-12

뜨거움과 차가움을 섞어라

- 《설득의 심리학 1》, 로버트 치알디니 지음, 황혜숙 옮김, 21세기북스

- 《퀸 메릴》, 에린 칼슨 지음, 홍정아 옮김, 현암사
- "소리 없는 언어", 〈울산제일일보〉
  http://www.ujeil.com/news/articleView.html?idxno=95581

익숙함과 낯섦을 섞어라

- 《나음보다 다름》, 홍성태·조수용 지음, 북스톤
- "봉준호의 6단계 창의력 비법", 〈티타임즈〉
  ttimes.co.kr/article/2019052417477762281
- "Apple Could Never Make Anything as Shitty as the Things I Make: Artist Tom Sachs", 유튜브 온라인 비디오 클립
  https://www.youtube.com/watch?v=O1RNbHS1cCY
- "How to succeed as artist in spite of your own creativity | Tom Sachs | TEDxPortland", 유튜브 온라인 비디오 클립
  https://www.youtube.com/watch?v=V8aeaX6Kozw&t=214s
- "TOM SACHS: 'CONSUMERISM WAS A RITUAL'", 〈The Talks〉
  https://the-talks.com/interview/tom-sachs/
- "Tom Sachs Leads Space Mission to Jupiter's Europa Without Leaving Earth", 〈KQED〉
  https://www.kqed.org/arts/12096988/tom-sachs-leads-space-mission-to-jupiters-europa-without-leaving-earth

아이와 어른을 섞어라

- "깜찍함과 외설 사이 아트 오타쿠", 〈LUXURY〉
  http://luxury.designhouse.co.kr/in_magazine/sub.html?at=view&info_id=63922
- "무능현실 전능예술의 역설", 〈일본비평〉 Vol. 5, 김민수, 서울대학교 일본연구소
  https://s-space.snu.ac.kr/handle/10371/91998
- 《藝術起業論(예술기업론)》, 무라카미 다카시, 겐토샤